東京外国語大学アジア・アフリカ言語文化研究所
叢書 知られざるアジアの言語文化V

# 黒タイ年代記

## ―『タイ・プー・サック』―

樫永 真佐夫 著

東京外国語大学
アジア・アフリカ言語文化研究所

## 「叢書　知られざるアジアの言語文化」刊行にあたって

自己の国家をもたない民族が多数アジアで暮らしています。彼らは、近代領域国家の周縁に置かれており、少数民族と呼ばれています。これまでわれわれは、少数民族の言語・文化に接する機会が少なく、あったとしても、それは往々にして、他の民族のフィルターをとおしてでした。たとえば、和訳された民話や神話などの文献は、ほとんど原語からではなく、英文、仏文や近代国家の標準語からの重訳が多かったことを思い起こせば、この点は容易に理解できるでしょう。

「叢書　知られざるアジアの言語文化」は、少数民族が自身の言語で叙述した歴史と文化に関する口頭伝承や文献を和訳することによって、彼らに対する理解を深め、その思考法に一歩でも近づくためのシリーズです。これによって、より多くの読者が少数民族固有の価値観を熟知するきっかけになればと願っています。

原則として、少数民族の言語から直接和訳することが求められます。少数民族の文字による文献および聞き取りによって採集されたオーラル資料のテキストからの翻訳が主流となりますが、第三者、つまり多数民族の言語と文字を借りて自己表現する場合も無視できません。少数民族はしばしば政治権力を掌握する人々の言語と文字を用いて自己を表現する境遇にあるからです。その場合は、少数民族自身によって語られるか書かれている点、また内容は少数民族の価値観を表している点などが要求されます。

誰しも、表現した内容を相手に理解してもらいたいと望んでいます。相手がそれを理解してくれないことほど悲しいことはありません。多数民族は自己が立てた標準に彼らが達しないことや彼らの思考法が自分たちと異なることを理由に、少数民族を解ろうと努力してこなかった向きがあります。人間の表現は、音で意思を伝達する言葉と符号で意味を伝達する文字に頼っています。言語が異なると意味が通じないのは自明のことわりですが、その言語を習得すれば、言葉の背後に潜む思考法も理解でき、他者の文化的価値観を知る能力が増大することは確かです。

幸い、近年、アジアの少数民族のあいだで長期のフィールドワークをすすめ、多くの困難を克服して彼らの言語と文字を習得した若手研究者が増えています。東京外国語大学アジア・アフリカ言語文化研究所では、そうした若手研究者を共同研究プロジェクトに迎え入れて、所員とともにさまざまなオーラルと文献の資料を和訳し公刊することになりました。少数民族の言語と文化を少しでも多くの日本人に理解していただく一助となればと期待しております。

クリスチャン・ダニエルス（唐　立）
都下府中の研究室にて
2007年10月1日

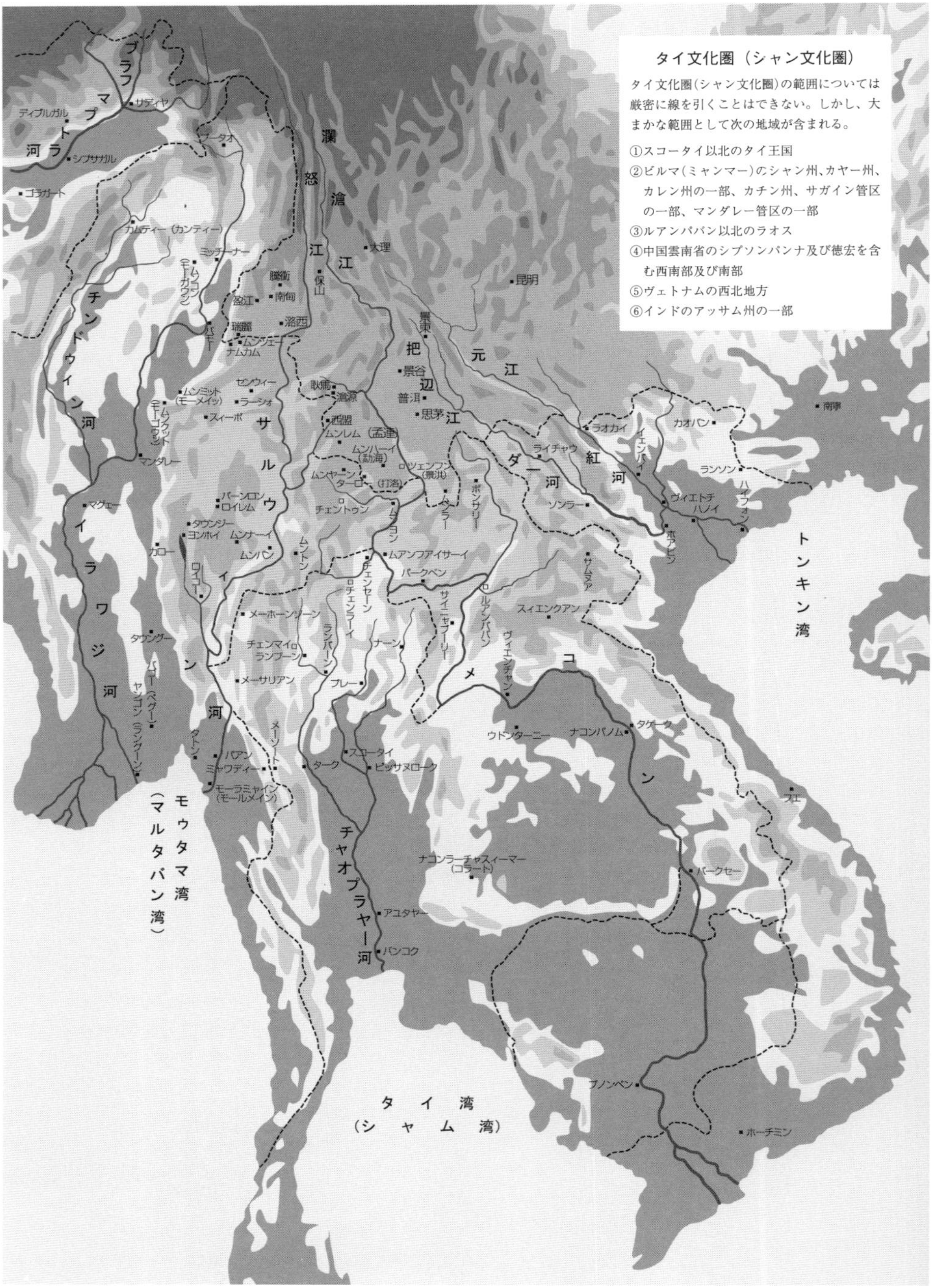


（新谷忠彦『タイ族が語る歴史』より一部改変）

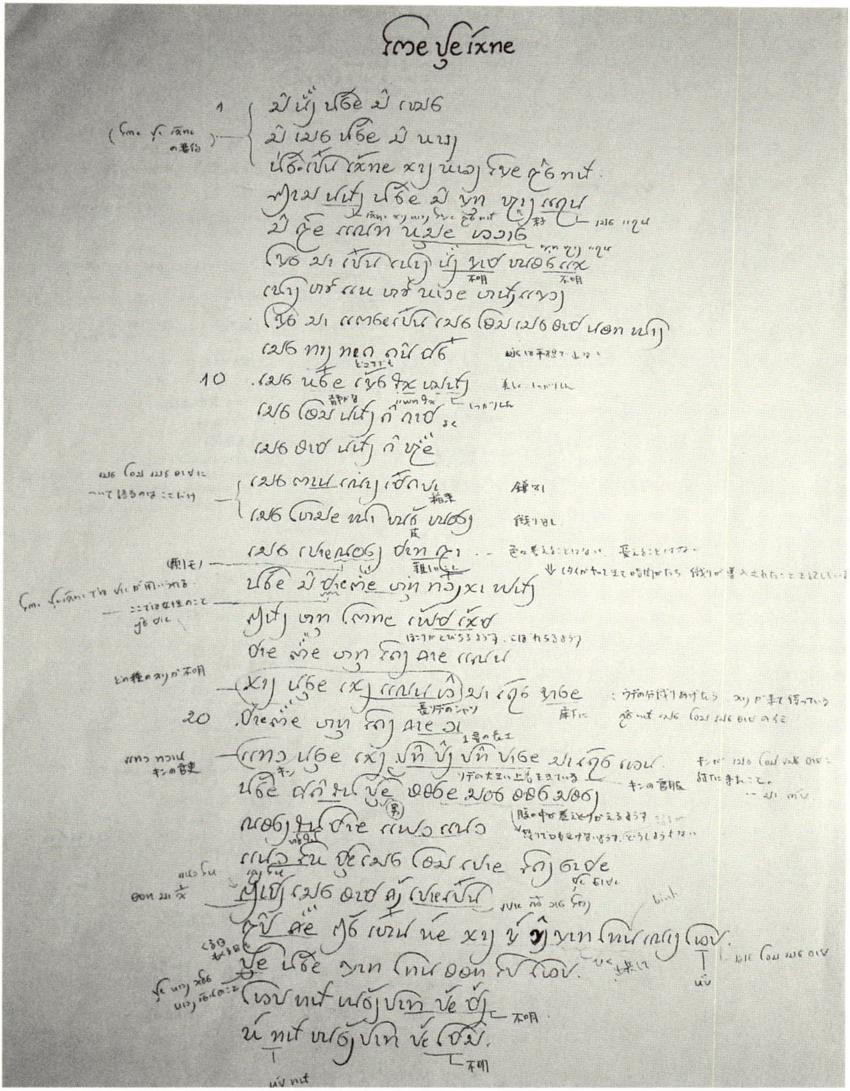

カム・チョン版『タイ・プー・サック』の１頁。Ａ４用紙にペンで丁寧に書写されている。日本語や黒タイ語による書き込みは筆者によるもの。

# まえがき

ことわっておかなくてはならない。この本は、年代記『タイ・プー・サック』の全訳ではない。全体の７分の１を訳し終わったに過ぎない。残りの部分については、わからない。いや、ごまかさずに率直に言えば、将来も訳されないだろう。

凧の糸は切れてしまった。凧は天空で見えなくなった。わたしが握っている糸も、いずれはゆるんでくる。手にはまだ、糸の張りつめた感触が残っている。これもいずれなくなってしまうのだろうか。

つまりは、カム・チョン先生は亡くなってしまった。この年代記をわたしが読めるように、２年にわたって指導してくださった先生が亡くなってしまったのだ。先生は、この年代記の言わんとすることを、自身の骨肉にすり込むほどまで読みこんだ、おそらく最後の人であった。

2006年にはすでに「もっと急がないと伝えきれない。自分にはもう時間がない」とおっしゃっていた。実際、時間はなかった。2007年９月に脳梗塞と心筋梗塞を併発させ、半身不随で喋るのもままならなくなった。病床で悔しさにむせびながら、「水があれば水路がある。くにがあれば領民がいる（…）」と、この年代記を冒頭の文句から、声を絞り出して唱えていたのが忘れられない。何十年も前に各地の古老を訪ね歩き、この年代記の読み方と解釈を習った先生は、結局、その成果をご自身では公開されなかった。わたしはのんきにかまえていたせいで、一部しか受け継げなかったが、せめてわたしの理解をあとの人に伝えることで、先生の遺志を継ぐことにしよう。それが供養にもなるのではないだろうか。もっと言えば、この年代記そのものへの、わたしなりの供養といえるかもしれない。どうやらこの年代記は、社会との生きた関わりを、とうの昔に失ってしまっているようだからだ。

ある時代、ある社会階層の黒タイの人々にとって、心に親しい歴史観があった。それを知る上で、この『タイ・プー・サック』は大切な資料であろう。カム・チョン先生は、その数少ない伝承者であった。もちろん先生の知識の中には、あまたの伝承者の知識と、熱情、感傷の血潮が融けこんでいたはずである。どれだけそれをわたしが伝えられるかおぼつかない。しかし、心細くても、ほかには誰もいないのである。

さて、筆者はすでに年代記『クアム・トー・ムオン』に関しては、翻訳、分析、解説した著書を刊行している［樫永　2003；2007］。黒タイ社会と年代記の関わりについてそちらでもすでに書いているため、本書の解説と重複する記述も多いが、どうかご了解いただきたい。

なお本稿における黒タイ語表記は、1981年にソンラー（Sơn La）省、ライチャウ（Lai Châu）省、ホアンリエンソン（Hoàng Liên Sơn）省の各人民委員会文化局の合意で確立されたローマ字表記黒タイ語を用いる［Hoàng Trần Nghịch và Tòng Kim Án（biên soạn）1990：14］、その場合、ベトナム語と区別するためにイタリック表記する。

筆者

# 目　次

コラム ······ 101

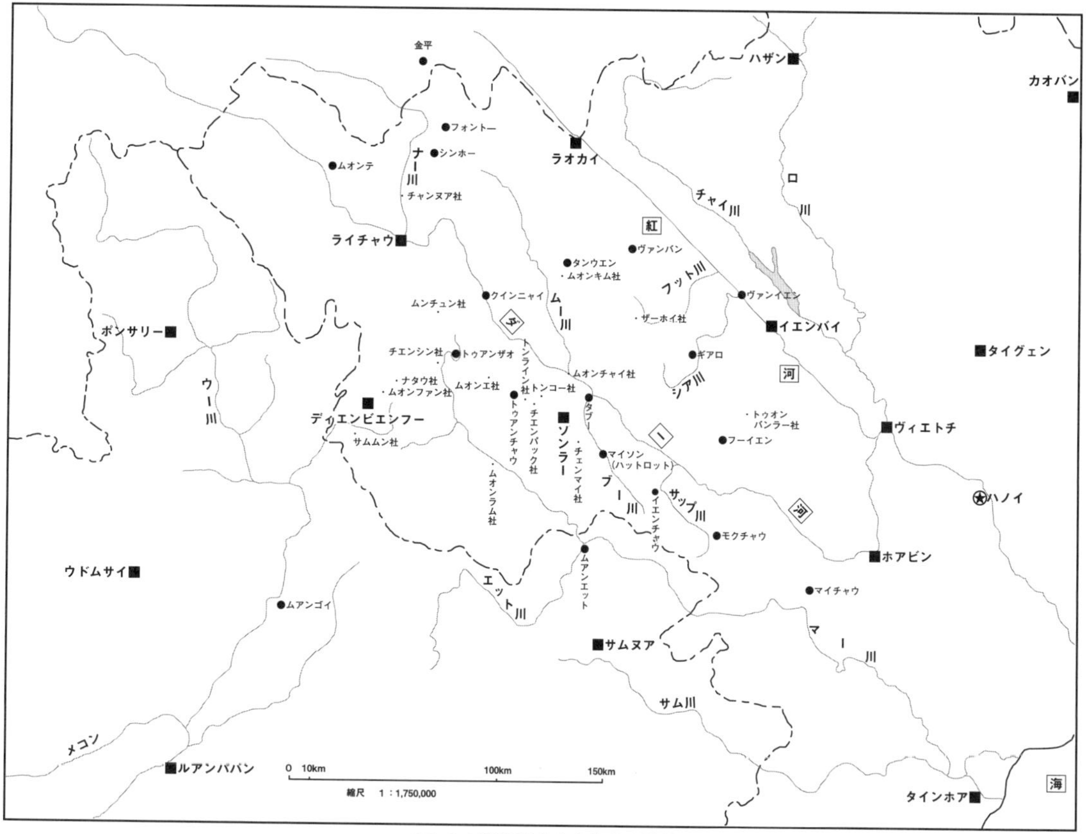

ベトナム西北部を中心とする地図

# 解　　説

ラオカイ省のタイー村落景観（一九九九年一二月）

# 黒タイの文化的特徴

ベトナム社会主義共和国では、言語的特徴、生活・文化的特徴、民族的自意識という3つの指標に基づいて、54の民族《ザントック》（dân tộc）が公定されている［Tạp chí Dân tộc học（biên soạn）1980：79］。国民は原則としていずれかの公定民族に属し、IDカードにも民族籍が記されている。

総人口約7,600万人の86％を占めるのがキン族（京族）である（1999年人口調査）。彼らが、紅河デルタを中心に、千年以上にわたって、歴代ベトナム諸王朝を興亡させてきた。53少数民族中、一番人口が多いのがタイー（Tày）で人口148万人、2番目に多いのがターイ（Thái）で人口133万人を擁する。いずれもタイ語系集団であり、タイーは紅河以東の東北ベトナム、ターイは紅河以西の西北ベトナムを中心に居住している。

黒タイ（*Tãy Đăm*）は、白タイ（*Tãy Đón* または *Tãy Khao*）とともに、ターイの地方集団とされている。西北地方で灌漑水稲耕作を主生業とする盆地民であり、国境を接するラオス側、中国側にも数万人単位で居住している。ラオスでは、この2つを別の民族として分類しているのに、ベトナムでは一民族として見なしているのは、次のような文化的特徴が共通しているからである。ともにタイ語系の近似する言語を話すこと、上座仏教を

トゥアンザオの黒タイ女性の衣装と髪型。上着はハイネックになっている。また、既婚女性はタン・カウという髷を結う。

ライチャウの白タイ女性の衣装と髪型。上着はVネックである。タン・カウは結わない。

受容していないにもかかわらず、上座仏教とともに東南アジア大陸部東部に広まった古クメール系の文字を継承していること、姓、財産が父系的に継承されること、フランス植民地期（1883-1945）までムオン（*mưỡng*）と呼ばれる盆地政体と政治社会組織を盆地ごとに形成してきたことなどである。ムオン（ムアンまたはムン）とは、タイ語系諸集団が中国雲南省からインドシナ北部の河谷平野や盆地を中心に、13世紀くらいから形成したとされる自律的な政治単位のことである。本書では、ベトナム語表記をカタカナ表記する際の慣例にならって、ムオンまたは「くに」と呼ぶ。

西北地方のターイの各人は、自分が白タイか黒タイかをはっきり意識している。一つには居住地域が盆地ごとにかなりはっきり分かれているからである。たとえば黒タイはイエンチャウ、マイソン、ソンラー、ギアロ、トゥアンチャウ、トゥアンザオ、ディエンビエンの各盆地に多い。一方、白タイはライチャウ、ムオンテ、フォントー、タンウエン、クインニャイなどのダー河上流部の北部グループと、フーイエン、モクチャウ、マイチャウなどダー河中下流部、マー川中流部の南部グループに分かれて分布している。さらに、彼らは次のような点に、両者の文化的相違を見いだしている。既婚女性の髪型、女性の上着の襟元の形、家屋内の配置、祖先を祀る忌日、表記文字の字体などの違いである。

伝承に注目しても、両者には興味深い差異がある。ターイ社会は、20世紀に至るまで、首領を含む貴族、平民、半隷属民、奴隷の諸階層からな

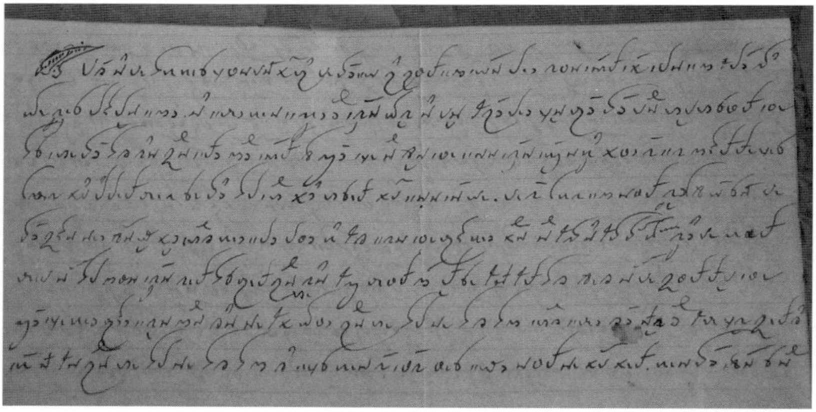

マイチャウの（南部）白タイ文字

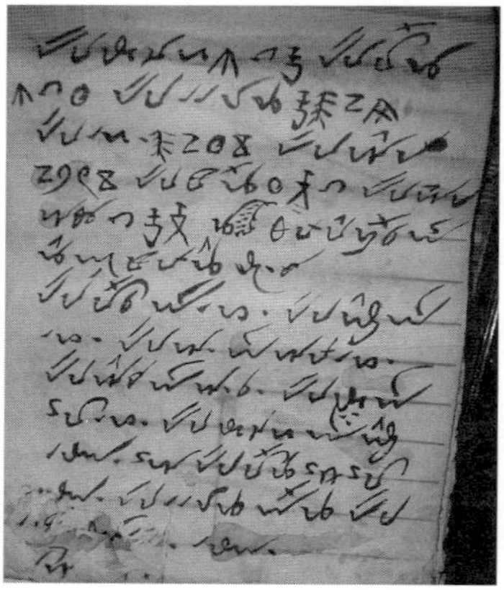

フォントーの（北部）白タイ文字による暦書。十二支記号をまじえて記述されている。

っていたが、貴族を世襲したのは、黒タイの場合、ロ・カム系統の姓をもつ一族であった【☞コラム 28】。彼らはギアロという大盆地に生まれ、各地を平らげながら最終的にディエンビエンの盆地を統べて、現ディエンビンフー付近に居を構えた英雄祖先ラン・チュオンの子孫とされる。一方で、白タイの旧首領一族デオ氏らは、自分たちがラン・チュオンの子孫だとは考えていない。さらには、黒タイの居住地域がラン・チュオン征戦経路上にあったとされる諸盆地に、ほぼ一致しているのである。

ラン・チュオン征戦伝承は、年代記『クアム・トー・ムオン』と『タイ・プー・サック』に詳しいが、これら年代記は黒タイの間でのみ継承さ

図表1　黒タイの分布とラン・チュオンの征戦経路を示す地図（[樫永　2009：2] より一部改変）

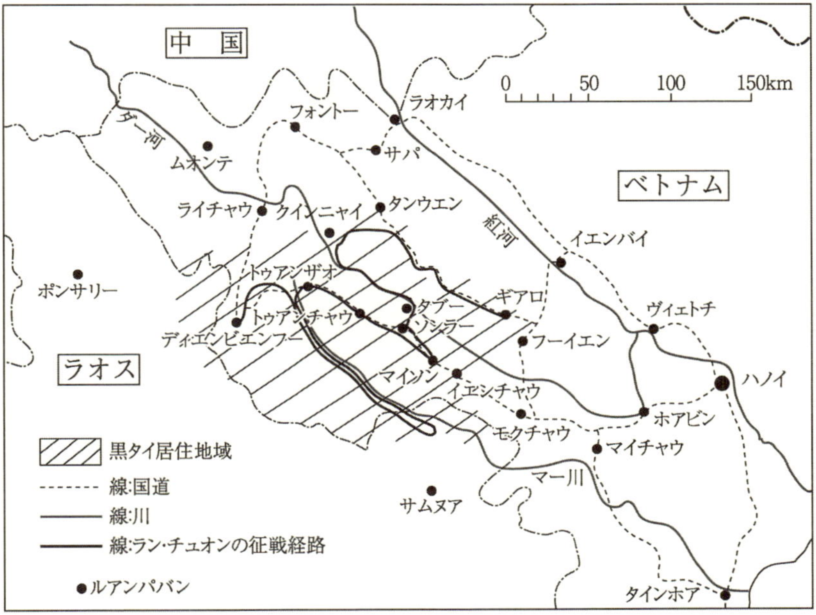


れてきた。とくに『クアム・トー・ムオン』は、首領の始祖の天上からの降臨、ラン・チュオンによる領土拡大、各首領の事績と系譜を記している。各地の黒タイ村落では、葬式の際にこれを読誦する習慣が、共産主義者による風俗改変が北ベトナム各地で進む1960年頃まで持続されてきた。こうした習慣を通じて、黒タイの領土と歴史に関する社会的な記憶は、繰り返し人々の脳裏に刻み込まれた。その意味で、この年代記は、黒タイという集団のメンバーシップと分布域を規定する政治的作品でもあった[樫永　2007：36-40；2010：3]。

さらに、黒タイの人は亡くなったあと、ラン・チュオンの故地ギアロから天上に霊魂が昇るという信仰を広く共有している【☞コラム3】。つまり、現世の人が住む地上と、精霊が住む天上世界を結びつけ、魂を往還させる回路も、ラン・チュオンの伝承と密接に関わっている。幸い『タイ・プー・サック』中のラン・チュオンに関する記事は、本書中ですべて訳出されている。

黒タイ村落の景観（トゥアンザオ、一九九七年一〇月）

# 村落生活の現状

ここでは黒タイ村落の社会生活について、筆者が1997年以来調査してきたトゥアンザオ県の一村落A村の現状に即して述べたい。

## 1. 衣食住

A村はトゥアンザオの盆地の南縁に位置する、49世帯人口358人（1998年）の村である。役人、退役軍人などで固定した現金収入があるのは6世帯である。それらの世帯も含めたすべての世帯が、水田、焼畑、菜園と家畜飼養で食料の多くを自給している。村の規模と経済条件の点で、トゥアンザオ県にある平均的な黒タイ村落である。

ベトナムの写真やテレビなどを通じたマスメディアで、少数民族固有の衣服は各民族の固有性を示す代表的な記号である。同時にそれが手作りであることは、少数民族の自給自足生活というイメージを喚起させる。とくに黒タイの場合、黒か濃紺の筒型スカートに、蝶々型の銀ボタンが中央に並んだ立て襟のシャツ、頭にはピョウという頭衣をかぶった女性の姿が、黒タイを表象する典型的なものである。こうした民族衣装を日常的に着ている女性に村の中で出会う。のみならず紡ぎ、織り、藍染め、刺繍も農閑期に多い女性の労働である。しかし、男性はしばしば洋ズボン、Tシャツやプリントシャツなどを着ているし、女性にも市販のプリントシャツを着ている者がいる。伝統的と見える女性の筒型スカートや上着も、よく見ると、化繊の布から仕立てられている。たしかに女性の頭衣の生地は、村で紡いだ木綿糸から作られているが、装飾の刺繍は、市販の糸や布地で施されている。伝統的な衣服にも市場との結びつきが明らかである。

洋装化を含め、こうした民族衣装の変化を、村の人々はしばしば「キン化」すなわち多数民族キン族の文化の受容としてみなす。こうした物質的なキン化の進展は、ベトナムの市場経済化政策の影響が黒タイ村落にもおよんだ1990年代以降、とくに顕著である。たとえば、衣類のみならず、洗剤やセッケン、プラスチックやビニルの製品もその時期以降に目立って流入している。

キン化の影響は儀礼祭祀にも及んでいる。まずトゥアンザオではベトナム民主共和国の体制のもとで、1950年代まで首領とその側近の呪術師たちが執行していた儀礼祭祀の多くが行われなくなった。封建的あるいは迷信異端として否定されたためである。こうして「くに祭り」としてのセン・ムオン（*xên mường*）【☞コラム4】や「むら祭り」としてのセン・バーン（*xên bản*）は、各地から姿を消した。それにかわり、キン族同様に陰暦正月を祝うようになった。水牛供犠はもはや見られないが、トット・コンと呼ばれるまり投げをはじめとして、セン・ムオンの遊びは、正月遊びとして現在まで引き継がれている。また、かつては陰暦正月頃の吉日にセン・フオンという家霊祭をいくつかの世帯で開催したが、現在は各姓とも陰暦元日にセン・フオンの祈祷と共食を行っている。

儀礼ではとくに葬式の変化が大きい。多くの黒タイ村落では火葬していたが、1960年前後から土葬にかわった。この変化は二つの理由による。一つは、葬式を短期間で終え浪費散財を防ぐよう行政指示があったからである。もう一つは、木材の減少を防ぐためである。

### 2. 市場経済化の影響

森林が急減したのは村人たちの記憶によると、1980年代らしい。一つには、ベトナム戦争終結後の著しい人口増加による焼畑の拡大と木材の需要の増大のためである。さらにドイモイ政策による商業の自由化が、薪や木材の切り出しに拍車をかけた。こうした森林の減少を背景に、焼き畑が常畑化し、陸稲栽培に変わってとくにキャッサバ栽培が拡大している。現在ではキャッサバは米の不足分を補う食料であり、換金作物でもある。これを県の農業局が菓子の原料などとして売るために買い取ってくれるからである。そのほか余剰の米、たきぎ、茅などを市場や町に売りに行くのが、村の人たちにとってもっとも一般的な現金獲得手段である。こうして得た現金が村で教育費や衣食住に費やされている。このように生態環境の変化や市場経済化による影響は、村の生活に入り込んでいる［樫永 2007：14-15］。

とはいえ黒タイの伝統文化がもっぱら失われつつある訳ではない。たとえば染織物生産からみると、伝統的な紡ぎ、織り、藍染めなどを持続しているのは、比較的現金収入が多い世帯に集中している。そのほか、竹や籐による細工の技術を継承していたり、歌、踊り、祈祷、文字知識をはじめとする伝統的な知識を保持する人たちも、現金収入の多い世帯に集中しがちである［樫永 2000］。近年では、彼らの中から黒タイ文字で歌謡、伝承、年代記、家霊簿などを書き残そうとする人もあらわれている。市場経済化を背景に情報、物、人の加速度的な流動化の一方、現地の人々の文化意識が刺激されて、経済的に余裕のある人々が中心となって伝統文化を残す動きが生じているのが、1990年頃からの傾向と言える［樫永 2007：12-14］。

## 文字文化

ターイが継承してきた文字群は、ベトナムではターイ文字と総称されている。なかでも黒タイが用いてきた統一性の高い字体は、黒タイ文字と呼ばれている。では、黒タイ文字による文書にはどのようなものがあり、また、それを人々がどのように継承してきたのだろうか。

## 1. 黒タイ文書の種類

現在、ソンラー省総合科学院図書館地誌庫には、1,500近くの黒タイ文字をはじめとするターイ文字文書資料がある。自治区が設置された1950年代以降、ターイ文字は幾度か公教育への導入を視野に入れた書体統一のために改訂されたので、自治区での改訂以前から黒タイや白タイが手写で伝えてきた字体を広く古ターイ文字と呼ぶと、同地誌庫保管文書中、古ターイ文字による文書は約500冊である。それらは歌謡、物語、暦書、祈禱儀礼書、年代記に分類できる［Hoàng Trần Nghịch　1998：188-191］。それ以外に、非常に数は少ないが、黒タイは系譜文書（家霊簿）、慣習法なども継承してきた。

一方、村落に目を転じてみよう。A村に現在まで伝わっている黒タイ文字の文書として、ジンチョウゲ科の植物を材料とする漉き紙に、毛筆と墨で手写された古文書が4冊ある。うち3冊が歌謡で、残り1冊が『クアム・ファイン・ムオン』という年代記の一種である。

1997年に72歳の男性が語ったところでは、かつてはもっとたくさん古文書があった。村の由緒書きもあった。しかし、インドシナ戦争（1946-1954）、ベトナム戦争（1960-1975）などの戦乱に加え、1960年代からは上記の通り封建遺習撤廃や迷信異端排斥を目指す党による風俗改変の指導もあった。のみならず火災にもあって、1980年頃、今の数に減った。

一般的に黒タイ村落でもっともよく目にするのは、歌謡である。次いで暦書を含む占卜書である。しかし、A村の場合、暦書『パップ・ム（*pặp mự*）』は、1970年代に学習ノートにボールペンで記されたものが一冊あるだけである。しかも、他村で見られる伝統的な形態の文書よりも明らかに薄い。というのは抜粋だからである。迷信異端の書を保持していると批判されるのを恐れた保持者が、原本を廃棄したせいである。

現在でも、婚姻、家の新築祝い、出立、田植えや収穫、その他各種儀礼を行う際には、『パップ・ム』を保持している祈祷師を訪ねて、日取りを選

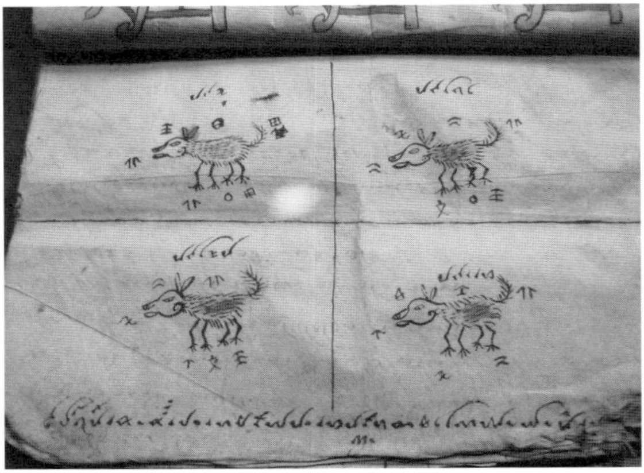

黒タイの暦書『パップ・ム』。暦書は図像表現に満ちている。

んでもらう。他村に住む評判のいい祈祷師を訪ねることもある。『パップ・ム』は、文字のみならず、記号と図像表現に満ちている。『パップ・ム』を読むとは、文字、記号、図表を総合的に解読することである。解釈の技量もまた、祈祷師としての評判には含まれているからである。

## 2. 伝統文字の識字

どれくらいの人が黒タイ文字を読めるのだろうか。1997年の調査でＡ村では、女性２人を含む12人の50歳以上の男女が読み書きできた。一方、6歳以上の就学年齢の子どもと青年、当時40歳代前半までの女性、60歳代前半までの男性のほとんどが、クオックグー（ローマ字表記ベトナム語）も読み書きできる。ベトナムにおける学校教育では、もっぱらベトナム語の読み書きが中心だからである。また、就学率が非常に低かった時代でも、男性は戦争に参加してベトナム語の読み書きも身につけたからである。ゆえに、村でも60%を越えるクオックグー識字率に比べて、黒タイ文字の識字率は3%と低い。

黒タイ文字の低い識字率について、村人はしばしば「教える学校がないからだ」と述べる。たしかに、黒タイ文字を読み書きできる人たちは、黒タイ文字教育が実施されていた時代に就学していた人たちである。しかし、実際にそうなのだろうか。一世紀近く歴史をさかのぼって話そう。

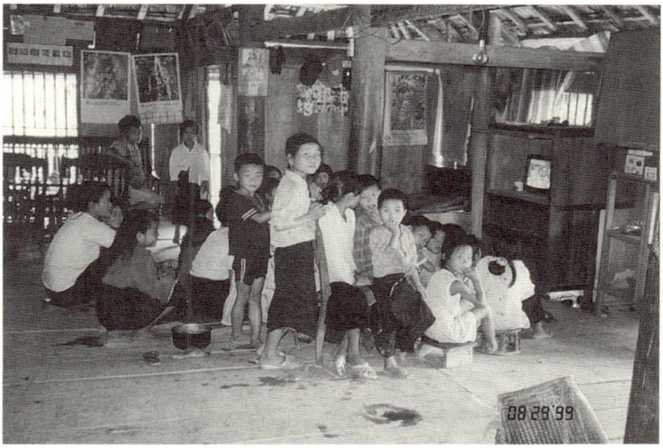


テレビは大きな娯楽（一九九九年八月）。村に電気が供給される二〇〇四年以前から、小型モーターを水路に設置して、自家発電してテレビをみていた。テレビのある家に人が集まる。

フランス植民地支配下にあった20世紀前半、公教育では、仏文とクオックグーが教えられていた。しかし、1954年にインドシナ戦争が終結し、フランスが撤退すると、ベトナム民主共和国（当時の北ベトナム）下で、仏文教育は廃止され、クオックグー教育が推進された。

一方、西北地方には1955年に民族自治区が設置され、特殊な展開があった。自治区内では、各公的機関での自民族の言語と文字の使用が認められ、民族語による教育も目指されたからである。こうして、固有文字を持たない民族語に関しては文字の創造が、ターイのように固有文字を持つ場合は、字体の統一や改訂が試みられた。ターイ文字は、黒タイ文字の字体に基づいて制定された。そしてターイ文字教育は、自治区内各地で、クオックグー教育に一元化される1969年まで、実施された。

しかし、黒タイ文字を読み書きできるA村の12人のうち10人が、学校で黒タイ文字を習ったのではない。彼らが通った小学校では、黒タイ文字を教えていなかったからである。彼らが読み書きを覚えたのは、すでに耳で親しんでいる歌謡の歌詞を覚え、歌うためであった。電気もラジオもない時代、村人たち共通の最大の娯楽は、歌や踊りであった。1960年代までは、娯楽のために文字を習得しようという人が村にもいたわけであり、必ずしも学校教育の成果ではなかったのである。先述の通り、その後さまざまな情報機器の普及とともに、伝統的な歌や踊りに関心を示す若い世代は減っている［樫永　2010：3-4］。

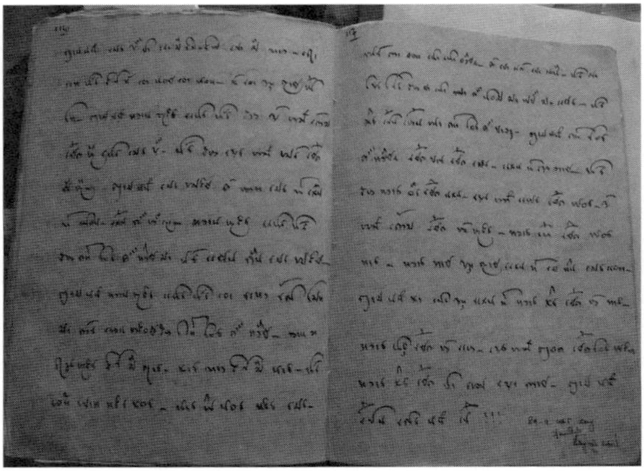

『クアム・トー・ムオン』ルオン・ヴァン・ティック写本の最終頁

# 年代記

タイ語系諸集団が継承してきた歴史ジャンルの文献は、十把一絡げに年代記と呼ばれている。階層区分が明確な彼らの社会では、統治者の出自を明確にしておくことが重要で、そのため年代記では王や首領の世系、つまり王統をその起源から物語ることがなによりも大切であった［ダニエルス　2002：183-184；2004：55］。黒タイの年代記とは、『クアム・トー・ムオン』、『クアム・ファイン・ムオン』、『タイ・プー・サック』と題された文書群である。以下で、それぞれの内容、記述年代、用法について簡潔に説明しておこう。

## 1. 『クアム・トー・ムオン』

クアム・トー・ムオンを直訳すれば、「くにを語る話」である。『クアム・トー・ムオン』は、天地開闢に始まり、ギアロに始祖が降臨し、ムオンがそこに最初に築かれて以来の各首領の系譜と事績を説いている（首領の系譜に関しては［図表2］参照）。その写本は1960年代末までに、トゥアンチャウ、マイソン、ソンラー、トゥアンザオ、ディエンビエン、ギア

図表2　黒タイ首領一族の系図（[樫永　2007：26-27] より）

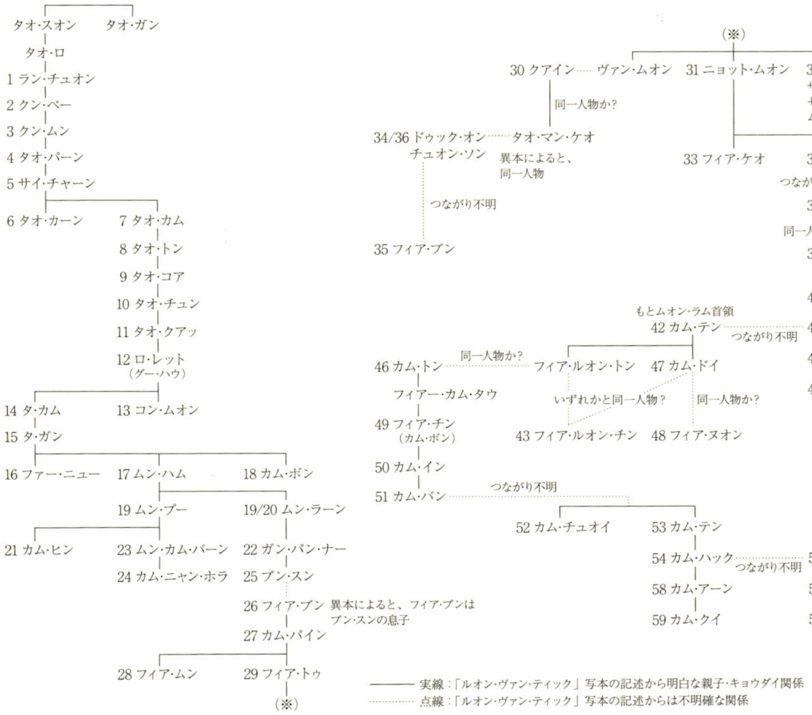


ロ他の各地で33冊収集されたという［Cầm Trọng và Phan Hưu Dạt　1995：372］。『クアム・トー・ムオン』は現在でも各地の村落に散在し、2002年11月に筆者はトゥアンチャウだけで2冊収集している。

『クアム・トー・ムオン』の成立年代は不明である。カム・クオンによると、『クアム・トー・ムオン』にはベトナム語からの借用語が非常に少なく全体的にことばや表現が古いことから、その成立は19世紀以前に遡る［Cầm Cương　1993：111, 114］。この『クアム・トー・ムオン』写本は、次のような手順で人から人へ継承され、加筆された。

『クアム・トー・ムオン』を記すのは、ターイの各在地首領の魂と「くにの精霊（*phi mưỡng*）」を守護し、その安寧祈願を司る宗教役職

葬式で『クアム・トー・ムオン』を読む。葬式の際、棺桶の前で故人と親族たちに歴史を読み聞かせた。

の長モ・ムオンである。しかし、そのモ・ムオンが記した『クアム・トー・ムオン』が首領の生前に披露されることはない。

プー・チャウ・カム・タン【☞コラム 24】という首領の死を確認する役職者がその死を公示してから、葬式が準備される。葬式の席ではじめて、亡くなったばかりの首領に至る事績を記した『クアム・トー・ムオン』がモ・ムオンによって読誦され、公開された。その後、モと呼ばれる各村落の宗教的職能者らを通じてチャウムオン内に『クアム・トー・ムオン』の写本が流布した。

なお筆者は、実物の存在を確認していないが、『クアム・トー・ムオン』には二種類あるという。一つが、首領が亡くなったときに首領の息子たちの前でモ・ムオンが読誦するために記されたものである。これは首領となるべき者たちの心づもりを説くものでもあるために、過去の首領の悪行についてもかなり詳しく記されていた。これを一晩かけてモ・ムオンは、首領の息子たちに読み聞かせた。各くにに 1 冊しかなかったこの『クアム・トー・ムオン』は、ベトナム戦争中の空襲ですべて失われたという[1]。もう一つが、現在までその写本が伝わっているような『クアム・トー・ムオン』で、こちらはいわば一般配布用であって、やはり原本の記述者はモ・ムオンであるが、内容は少し簡略化されている。1960 年代以前までは、階層をとわず、葬式の際にこれの全文を数時間かけて読んだ。

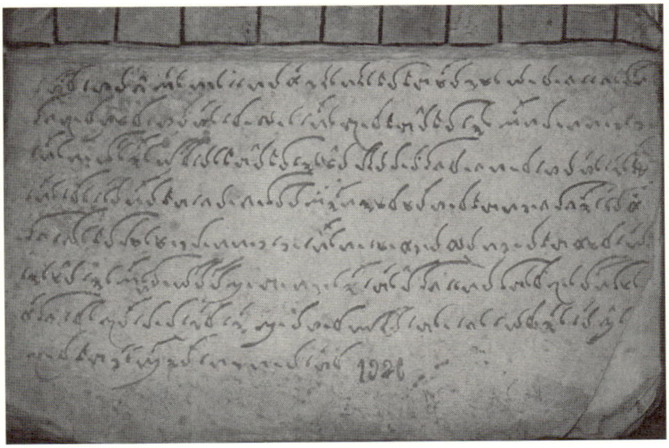

一九二六年という書写年が記された『小クアム・ファイン・ムオン』（二〇〇二年一一月）

つまり、『クアム・トー・ムオン』は葬式と関わりが深い。生者と死者に読み聞かせるために、原則として故人の娘の夫が棺の前で音読するのである。しかし、近年ではこの習慣は廃れつつある。1997年に筆者が葬式での音読に立ち会ったときも、天地創造から始祖降臨までの冒頭を読んだだけで終わってしまった。時間はわずか十分ほどであった。この習慣が廃れた原因について、多くの人が文書そのものの喪失、識字者の減少を指摘する。しかし、社会主義化の中でこの習慣が封建的として否定されたことの方が大きいと明言する人もいた［樫永　2007：24-28］。

これまで筆者が確認した写本はいずれも1960年代以降の写本であり、1954年に西北地方においてターイ首領を中心とするムオン政体が解体する以前に、モ・ムオンであった人物が書き記したか、その写本である。新しいものは、ベトナムの独立と社会主義化によってムオン政体が崩れ、1955年に自治区が成立するまで記述している。

## 2.『クアム・ファイン・ムオン』

『クアム・ファイン・ムオン』という書名は、「くにを作る話」を意味する。『クアム・トー・ムオン』が散文なのに対して、『クアム・ファイン・ムオン』は韻文で書かれ、使われている語彙が平易で記憶しやすい。内容的には『クアム・ファイン・ムオン』は、『クアム・トー・ムオン』の記述に基づいている。

この年代記は、内容に応じて、『小クアム・ファイン・ムオン』と『大クアム・ファイン・ムオン』に分かれる。

『小クアム・ファイン・ムオン』は300文余りで構成され、ソンラーとトゥアンチャウに伝わっている。ソンラーの『小クアム・ファイン・ムオン』は、首領ブン・ファインがホアン・コン・チャット（黄公質）に追従した時期（17～18世紀）を扱っている。ホアン・コン・チャットはタイビン省出身のキン族であるが、黎朝の圧政に対して、1739年にソンナムで蜂起し、ディエンビエンを拠点に1769年まで黎朝に対抗し［Nguyễn Thị Lâm Hảo　2006：35-40］、ベトナムにおける代表的な農民蜂起として知られる。またトゥアンチャウの『小クアム・ファイン・ムオン』は、ベトナム王朝から司馬少保という辺境治安維持を司る土司官職を与えられたと伝えられるヴァン・ムオン［別名：少保クアイン］（［図表2］中の30）の事績を中心としている［Cầm Cương　1993：108-110；樫永　2003：209］。トゥアンチャウ（ムオン・ムオイ）に伝わる首領の系譜資料に基づくと、少保クアインはロ・レットから10代下ったトゥアンチャウ首領であり（［図表2］では18代下る）、ムオン・ラー（ソンラー）首領をブン・ファインがつとめていた時期から、5・6代遡る［Cầm Trọng và Kashinaga Masao　2003：177］。

このように『小クアム・ファイン・ムオン』がある特定の首領一代の事績を語っているのに対して、『大クアム・ファイン・ムオン』は、ロ・レットから、最後のムオン・ムオイ首領でありフランス植民地期に知州という地方行政官に任じられていた、バック・カム・クイ（*Bạc Cầm Qúy*）（［図表2］中の59）に至る約20代にわたる首領の事績を述べていて、全体で2400文を越える長文である。成立年代は、ベトナム語の影響の大きさから察するに19～20世紀にかけてと考えられる［Cầm Cương　1993：111］。大小の『クアム・ファイン・ムオン』は、ともに支配階層の公の饗宴で歌われるためのものであった。『クアム・ファイン・ムオン』の写本は、現在でもトゥアンチャウ、ソンラー、マイソンでは『クアム・トー・ムオン』と同じくらいよく目にする［樫永　2007：28-29］。

一九四〇年前後撮影のモ・ムオン、ルオン・ヴァン・ホン（右）とその妻（二〇〇二年一一月　トゥアンチャウ）

### 3.『タイ・プー・サック』

『タイ・プー・サック』という書名は、「父祖《プー》の征戦《サック》の物語《タイ》」を意味する。使われている語彙から判断する限り、その成立年代は『クアム・トー・ムオン』や『クアム・ファイン・ムオン』より古い。その内容は、ムオン・オム、ムオン・アーイを捨ててギアロ盆地を最初に開いた2人の始祖タオ・スオン、タオ・ガンからロ・レットを経て、中越両王朝の支配領域区分をめぐる問題が顕在化し始める18世紀頃までの各首領の事績である。とくに、先住異民族サーたちに対抗し、彼らを平定していったラン・チュオンをはじめとする幾人かの首領の祖先を中心に語っていることに内容的な特徴がある。記述には比喩と省略が多く、さらに言葉が古いので難解である。しかも、本文中にはタオ・スオン、タオ・ガン、その息子タオ・ロの名は登場せず、父祖としか記されていない。どの父祖の事績なのかは『クアム・トー・ムオン』の記述と対照させて、はじめて理解できる箇所が多い。つまり両年代記の記述は相互参照的で密接な関係がある。また両者とも口頭で流布していたさまざまな伝承を下敷きにして記述されているのであろう[2]。

『タイ・プー・サック』は司祭モ・ムオンが保持していた。ムオン・ムオイ、ムオン・ラーのみにおいて、モ・ムオンの間で代から代へと写本が伝えられたという[3]。ムオン・ムオイにおいて数年に一度開催されるセン・チャー（*xên chà*）の大祭礼のとき、モ・ムオン、オン・ゲーたち礼部役職者

ルオン・ヴァン・ホン、ルオン・ヴァン・イエウをはじめとするムオン・ムオイ役職者が居住していたパーン村（二〇〇二年一一月　トゥアンチャウ）

を先頭に、長老会役職者が赤装束を着て、唱歌しながら四角い敷き板の上を踊って踏みわたって首領宅へと近づき、祖先を祀る「家霊の間」に至った。そこで、モ・ムオンが『タイ・プー・サック』を読んだ[4]。『タイ・プー・サック』に関しては、筆者は村落で収集したことはなく、『クアム・トー・ムオン』、『クアム・ファイン・ムオン』とは異なり、かなり希少である。

1953-1954年頃、ムオン・ムオイ最後の首領バック・カム・クイのもとでモ・ムオンをつとめていたルオン・ヴァン・イエウ（*Lưỡng Văn Yêu*）から、『タイ・プー・サック』の写本を譲り受けた。ルオン・ヴァン・イエウは、前首領バック・カム・アーン（［図表2］中の58）のもとでモ・ムオンをつとめた実父ルオン・ヴァン・ホン（*Lưỡng Văn Hơn*）から譲り受けたのであった。写本には、コロフォンに誰から誰の手に渡ってきたか、50人くらいの名が記されていたという。残念ながら、その写本は1965-1966年頃、ソンラー市サーン村（bản Sang）におけるベトナム戦争中の爆撃で焼失した[5]。

やや話はそれるが、1930年頃、ムオン・ムオイ最後のセン・チャーは、ルオン・ヴァン・ホンが儀礼を執行した。セン・チャーのとき、首領の家の壁を布で覆い、ラン・チュオンに平定される前のサーの軍勢に扮した人々が外から槍で内部を突く。不幸にもその際、部屋で衣装替えをしていたルオン・ヴァン・ホンは、肩に槍傷を負った。その後、ソンラー省フーイエンに療養に行ったまま亡くなったという。そこで、息子ルオン・ヴァ

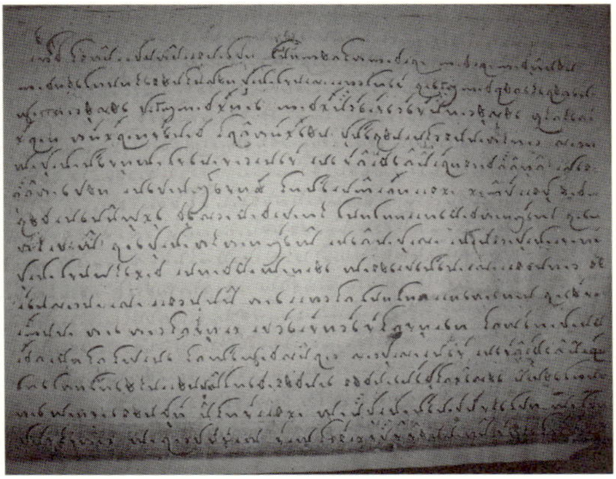

『タイ・プー・サック』写本コピー

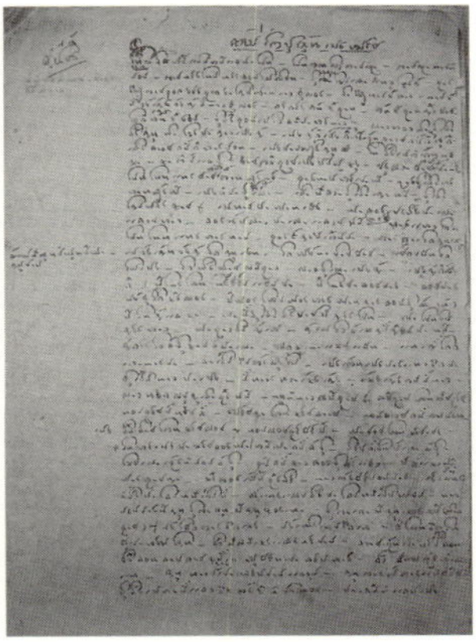

カム・ビン版『タイ・プー・サック』

ン・イエウがモ・ムオンを嗣いだ。彼の風貌は、喉に大きな腫れ物の瘤があるのが特徴であった。首領バック・カム・クイがフランス側に追随し、トゥアンチャウが解放される1952年以前にフランスに亡命したのに対し、ルオン・ヴァン・イエウはベトナム独立同盟（通称、ベトミン）側に与したため、ベトナム民主共和国成立（1954）後もトゥアンチャウにとどまり、1958年頃亡くなった[6]。

さて、ルオン・ヴァン・イエウから継承された写本とは別に、やはり1950年代にカム・チョンの父カム・ビンが、ムオン・ムオイにおいて『タイ・プー・サック』一書を収集した。現在まで伝わっているのはそのコピーと、『ムオン・ムオイのタイ・プー・サック（*Quãm Táy Pú Xớc Mường Muổi*）』と題されたカム・ビンによる写本（以下でカム・ビン版『タイ・プー・サック』と呼ぶ）である。カム・ビン版『タイ・プー・サック』は、B5版ノートに42頁の長さである。

## カム・チョン版『タイ・プー・サック』について

本書の訳は、カム・ビン版『タイ・プー・サック』を原本としたカム・チョンによる写本を底本としている（以下でカム・チョン版『タイ・

カム・オアイ肖像。二〇世紀初頭までの黒タイ首領に関しては、中国の皇帝風の衣装を着た肖像写真がしばしば残っている。長男カム・ズンの息子宅で祭壇に飾られている。

プー・サック』と呼ぶ)。ここでは、本書の執筆のために助力を惜しまなかったカム・チョンの生涯を簡単にまとめ、次にカム・チョン版『タイ・プー・サック』の形式と内容の特徴を解説したい。

## 1. 伝承者カム・チョンの生涯

カム・チョンは、1934年5月2日、ソンラー省マイソン県チエンマイ社バーン村(bản Ban, xã Chiềng Mai)で生まれた。同地ムオン・ムアッ首領カム・オアイ(*Cằm Oai,* Cầm Oai)[1871−1934]はカム・チョンの父方祖父である。カム・オアイの長男でムオン・ムアッ最後の首領をつとめたのがカム・ズン[1905−1978]、次男がカム・ビン[1907−1988]である。この2兄弟がベトミンに共感して抗仏活動を展開していた第二次大戦期まで、カム・チョンは父カム・ビンから黒タイ文書を読む訓練を受けた。基本的に素読で耳から頭にたたき込む訓練であったという。コウゾやカジノキの繊維で紙を漉いた自家製の紙で読み書きを練習し、ときには細い笞で手の甲を叩いて叱られたという。

カム・チョンの回想では1944年には、トゥアンチャウの寄宿舎に入り、フランスが設立した小学校に通った。当時、トゥアンチャウまで歩いて2日というのがふつうであった。トゥアンチャウでは、日が暮れるとあちこちで虎が咆哮していたため、まもなく戦争が起こるのでは人々がささや

カム・ズン、カム・ビン肖像写真。長男カム・ズンの息子宅で祭壇に飾られている。カム・ズン（中央と左下）、カム・ビン（右下）、カム・オアイ（左上と右上）。

一九五〇年代のムオン・ムアッ首領一族の館［Roux 一九五二―一九五四：三七〇］。当時のカム・チョンの生家。

いていた。その通り1945年に戦闘が始まり、マイソンに戻った[7]。

インドシナ戦争期（1946-1954）の1946年、カム・チョンは芸術小児団（Đoàn thiếu nhi Nhạc kịch Tuyên truyền Kháng chiến）に入団（1-4年生）して、家族と離れて戦火を逃れ、東北地方山間部を転々としつつベトナム語と音楽を習い、1951～53年は中国の広西省南寧（現広西壮族自治区）に設置された中央学舎区（Khu học xá Trung ương）（5-7年生）でベトナム語による諸科目を履修した。

ギアロがフランス支配から解放された1953年、西北地方にはじめてベトナム民主共和国がギアロに開設した小学校の教員となり、黒タイと

図表３　カム・チョン関連年表

| 年 | 政治情勢 | カム・チョン一族関連 | 黒タイ文字関連 |
| --- | --- | --- | --- |
| 1895 | | | ディゲが黒タイ文字を紹介し、ローマ字表記化した最初の出版物 [Diguet 1895] 刊行 |
| 1917 | 西北地方にフランス（以下、仏）が小学校設立（仏語、クオック・グー教育） | カム・オアイによる黒タイ文字字体の改訂と『クアム・ソン・コン（訓話）』手写本の流布 | |
| 1918 | | | |
| 1921 | | | |
| 1930 | | カム・オアイが退任し、息子カム・ズンがマイソン知州に | |
| 1933 | | カム・オアイ死去、カム・ズンはサン・プルーフ暗殺未遂の咎で逮捕。ハノイのホアロー刑務所へ（～ 1945） | |
| 1934 | | **カム・チョン、マイソンにて生まれる** | |
| 1940 | | | 仏がソンラーに小学校６年生までの学校設立 |
| 1941 | | | 仏がトゥアンチャウに小学校６年生までの学校設立 |
| 1944 | | **トゥアンチャウの小学校に通学** | |
| 1945 | 第２次世界大戦終結、8月革命 | カム・ズンはマイソン州政権へ参加。カム・ビンはベトナム労働党組織の主席 | |
| 1946 | インドシナ戦争（～ 1954） | **芸術小児団に入団し、東北部へ（～ 1950）** | |
| 1948 | 仏が西北地方を再占領 | | ライチャウなどで仏がクオック・グー表記ターイ語教育開始 |
| 1951 | | **中央学舎区に入学し、南寧へ（～ 1953）** | |
| 1952 | | カム・ビン、マイソンの行政職を退く。以後、郷土史家的活動 | ベトミン指導下でターイ文字の改訂と統一開始（カム・チョンも参加） |
| 1953 | | **解放直後のギアロにて小学校教員** | |

| 年 | 政治情勢 | カム・チョン一族関連 | 黒タイ文字関連 |
| --- | --- | --- | --- |
| 1954 | ディエンビエンフーの戦い | ソンラーにて西北区教育局幹部 | 自治区で、黒タイ文字をもとにした「統一ターイ文字」誕生 |
| 1955 | 西北地方に民族自治区設置 | | ターイ文字教育と教科書編纂開始 |
| 1958 | | 中央山地師範学校入学 | |
| 1960 | | 年代記『クアム・トー・ムオン』ベトナム語訳を処女出版 | |
| 1961 | | | 「統一ターイ文字」を改訂し「改訂ターイ文字」が誕生 |
| 1962 | | トゥアンチャウにて西北自治区教育局幹部に | |
| 1969 | | | 自治区内でのターイ文字教育事実上中止 |
| 1975 | ベトナム戦争終結による南北統一を機に自治区廃止 | | |
| 1976 | ベトナム社会主義共和国成立 | ハノイの民族学院助手職に就職 | |
| 1978 | | 『ベトナム西北地方のターイ』刊行。カム・ズン死去 | |
| 1980 | | | 言語学院による「統一ローマ字表記」完成 |
| 1986 | ドイモイ採択 | | |
| 1988 | | カム・ビン死去 | |
| 1992 | | | ターイ文字教育が一部の地域で試験的再開 |
| 1997 | | ベトナム民族学博物館西北地方部主任として就職 | |
| 1999 | | | コンピュータ用ターイ文字フォント開発 |
| 2000 | | ベトナム民族学博物館定年退官、ハノイ国家大学ベトナム学研究所ベトナム・タイ学プログラム主任に就任。ホーチミン国家賞受賞 | |
| 2007 | | 死去 | |

カム・チョンが自治区幹部だった一九六三年の写真（カム・チョン提供）。妻カム・チャウと長女ネム。

モンの生徒を教え、インドシナ戦争が終わった1954年、今度はマイソンにほど近いソンラーに戻って西北区教育局幹部となった。同局は1955年に自治区が成立すると、ターイ・メオ自治区教育局（Sở văn hỏa Khu từ trị Thái-Mèo）と名前を変える。その時期に、黒タイ文字の文書の蒐集と解読に精力的に取り組んだという。1958年には中央山地師範学校（Trường Sư phạm miền núi Trung ương）（現ハノイ師範大）に入学し、1962年に西北自治区教育局幹部[8]としてトゥアンチャウに赴任するまで、ハノイでダン・ギエム・ヴァン（Đặng Nghiêm Vạn）らから民族学を学んだ。ちょうどこの時期すでに共著で年代記『クアム・トー・ムオン』［Cầm Trọng và Cầm Quynh　1960］のベトナム語訳をハノイで処女出版している。ダン・ギエム・ヴァンの黒タイ語通訳兼インフォーマントとして、西北地方への調査旅行に同行したのもこの時期であった［樫永　2009：68-69］。ハノイでは、ソ連とベトナムの民族学、マルクス主義について貪欲に本を読みあさったという。中央山地師範大学を卒業すると、またトゥアンチャウまで戻って西北自治区教育局に1年勤務し、それから西北地区委員会事務所に配属された。

カム・チョンは、1950年代から1975年にかけて、西北地方の道という道、村という村を徒歩で行き尽くした。各地の知識人を、古い文書解読と解釈のために訪（尋）ね歩くのに多くの時間を費やしたという。「休日はない」、「あらゆるターイ文書を理解する」、「文言の真意を識者に聞いて説き明かす」という3つのつとめを自らに課して、研究に没頭した［Nguyễn Thị Hồng Mai　2003］。ルオン・ヴァン・イエウから『タイ・プー・サック』を習ったのも、この時期である。

1976年にベトナム社会主義共和国が成立して自治区が解体すると、すぐにカム・チョンはハノイにある民族学院の助手職についた。この時、カム・ビンが「小川にパ・ポックはいない（*nặm nọi báu xú pá pộc*）」という諺をもち出し、「ソンラーに一生とどまっているような小さい器ではない」とカム・チョンを激励してハノイに送り出したという。以降、文献とそれまでの現地調査に基づいた黒タイ研究論文と著作を次々に精力的に発表し続けた。1997年に民族学院からベトナム民族学博物館が研究博物館として独立すると、カム・チョンはベトナム民族学博物館教授に就任し、2000年に66歳で定年退官した。退官後はハノイ国家大学ベトナム学研究所ベトナム・タイ学プログラム（Chương trình Thái học Việt Nam）の主任に就任し[9]、ベトナムにおけるタイ語系諸民族の社会と文化全般に関する研究者組織の長として、北部各地の郷土史家間の研究ネットワーク作りと後進の育成につとめた。また、2000年には、『ベトナム西北地方のターイ』［Cầm Trọng　1978］をはじめとする一連の研究によってカム・チョンはホーチミン国家賞を受賞した。こうしてカム・チョンは、ベトナムにおいて名実ともにターイ研究の第一人者となったが、2007年12月、ハノイで永眠した。

筆者がはじめてカム・チョンに会ったのは、1997年4月である。国立民族学博物館田邊繁治教授と西北地方の調査旅行をする際に同行してくださったのである。以来、先生と先生のご家族には没後も公私ともにお世話になっている。1999年以降、ハノイに滞在期間中は、ほぼ毎日時間を割いてもらって各種黒タイ文書を読む訓練を受けた。これまでカム・チョンの手ほどきで読んだ主な黒タイ文書は、『ムオン・ムオイの黒タイ慣習法』、『ムオン・ムアッの黒タイ慣習法』、年代記『クアム・トー・ムオン』のムオン・ムオイにおける伝本、恋愛抒情歌『ソン・チュー・ソン・サオ』である。カム・チョンとはトゥアンザオ、ギアロ、トゥアンチャウ、マイソン、ソンラーなどで、4日から2週間程度の短期調査も共同で行っている。それらの日数も含め、対面して教授を受けた合計日数はあわせて1年を大

ブオン・チュンの家族と（二〇〇七年九月、トゥアンチャウ）。左から、カム・チョンの実弟、カム・チョン、筆者、ブオン・チュン夫妻と娘（敬称略）。

きく超える。

A村をはじめ筆者がこれまで調査してきた村の多くが、主に平民出自の住民で構成される村落であったのに対して、貴族出自のカム・チョンおよびその家族と親族は、筆者のインフォーマントとしてもきわめて重要であった。2007年9月にソンラーで療養中であった彼と、トゥアンチャウのブオン・チュン氏を訪ねた。これが彼との最後の旅行であった。そして、彼にとってもそれがブオン・チュン氏との最後の対面となった。

## 2. カム・チョン版『タイ・プー・サック』の内容

先にも述べたとおり、『タイ・プー・サック』は人口に膾炙している文書ではなく、ことばが古いうえ、比喩や諧謔が多く、理解しやすい内容ではない。だから知識人でも『タイ・プー・サック』を好まない人も多い。しかし、カム・チョンはこの文書を読みこなすのに多くの時間と労力を費やしたせいもあろう、個人的な思い入れが強く、またルオン・ヴァン・イエウに対する思い出ゆえに、この年代記を好み、また尊重していた。筆者も「『クアム・トー・ムオン』などに比べてはるかに難しい」と、カム・チョンから繰り返し聞いていたため、「次は『タイ・プー・サック』を読もう」と提案されたとき、身の引き締まる思いがしたものである。ドストエフスキーやトルストイの長編大作をひとつずつ読破しようと決めたときの、ぎこちなく身構えた10代の青い決意を思い出した。やや誇張して言えば、黒タイのすぐれた知識人だけが味わうことができる、秘匿された深い教養の森へ足を踏み入れようという、崇高で厳粛な緊張感を味わっていた。

カム・チョン版『タイ・プー・サック』は、カム・ビン版同様にすべて黒タイ文字で書かれている。歌の節にあわせて改行して文や節の切れ目が明示されているため、カム・ビン版よりさらに意味がとりやすくなっている。

あらすじは、次の通りである。

紅河流域のあるところに、ムオン・オムとムオン・アーイというくにがあった。くにには水田が開け、女性たちは機を織った。しかし、あるときから長袖サー、キン族、サー・ロー・リーなどの異民族【☞コラム1】の侵略に脅かされるようになる。くにおさのタオ・スオンとタオ・ガンの2人の父祖は、ラオカイ付近での戦闘に敗れ、ムオン・オム、ムオン・アーイを捨てる。

紅河下流のほうに、ムオン・ロ（ギアロ）という大盆地があると聞き、民衆を率いて移住して入植し、開拓事業によって実り豊かなくにを築いた。くに作りが成功すると、タオ・ガンはムオン・アーイへと戻っていく。タオ・スオンは、ムオン・ロ近辺の異民族を平伏させ、くにに平和をもたらす。

タオ・スオン亡き後、息子タオ・ロはムオン・ミン（ヴァンチャン県ザーホイ社）を征圧する。その勇名は各地にとどろき、タンウエン、ソンラー、トゥアンチャウなどの頭目も貢納しにくる一大勢力となる。

タオ・ロには息子たちがいた。彼らは土地と地位の継承をめぐって争いを起こす。ついに末子ラン・チュオンは人々を率いて新天地を求め、ムオン・ロを去る。サー・チー、サー・カー・チャーなど多くの異民族と戦い、クインニャイ、タブーを手中に収め、アム・パムを征伐してソンラーを征服する。そこからトゥアンチャウへと軍を進めたところで首領アム・ポイに敗れ、ラン・チュオンはアム・ポイの娘むことして縁組みするという奸計をもって義父を謀殺し、トゥアンチャウを征服する。

その後、マイソン、トゥアンザオを征圧したが、ルオン・クンという異民族の敵将の奇襲を受け、現ラオスのフアパン県など山深いマー川沿いを潜行する。いっぽうで、ディエンビエンにも勢力を及ぼしたルオン・クンは、同地の被支配民タイ・ノイの叛乱によって命を落とした。ゆえにラン・チュオンはディエンビエンを手中に入れ、ライチャウからの労働力なども投入して盆地を開拓し、くに作りに成功する。

不幸にもラン・チュオンの息子クン・ペーは夭折した。そこで孫クン・ムンに位を譲って、ラン・チュオンは崩御する。クン・ムンの跡を継いだのは、その息子サイ・チャーンであった。サイ・チャーンの死後、息子タオ・カーンとタオ・カムがディエンビエンを共同統治するが、まもなく勢力争いが勃発した。この争いは、タオ・カーンの息子タオ・チエウと叔父タオ・カンの後継者争いにも発展する。タオ・カムはディエンビエン統治に失敗しムオン・フアッ（トゥアンザオ県チエンシン社）に逃れ、抗争のさなかにディエンビエンはライチャウ側からルーの勢力による侵略にも脅かされた。タオ・チエウとタオ・カムの抗争はラオス側の土侯も巻き込んで激しさを増す。

本書で訳出した『タイ・プー・サック』のあらすじは以上の通りである。訳出できたのは全体の7分の1ほどであり、物語はまだまだ続く。

### 3.『クアム・トー・ムオン』との内容の比較

先にも述べたように、『クアム・トー・ムオン』、『クアム・ファイ・ムオン』、『タイ・プー・サック』という年代記群は、それぞれ内容的に一部重複している。ここでは、ムオン・ムオイにおける『クアム・トー・ムオン』との比較から、カム・チョン版『タイ・プー・サック』の本書訳出部分の特徴を明示したい。主な特徴として、次の5点が挙げられる。

① 『クアム・トー・ムオン』にある天地開闢から始祖降臨までの記述が、『タイ・プー・サック』にはない。

② 天から降臨したタオ・スオン、タオ・ガンと、タオ・スオンの息子タオ・ロという、ムオン・ロを最初に拓いた父祖の名が『タイ・プー・サック』にはほとんど登場せず、父祖とのみ記されている。

サム・サウ（五徳石）の山（二〇〇二年六月、タンウエン）。かつて、右手手前にある小高い三山を巨人が五徳に使ったという伝説がある。同名で、同じ伝説をもつ山は、ディエンビエン県ナタウ社にもある。

③ タオ・ロには7人の息子がいて、末子がラン・チュオンであったが、長子タ・ドゥック、次男タ・ダウとラン・チュオンしか登場しない。

④ サーとして総称されるモン・クメール語系、チベット・ビルマ語系、カダイ語系などに属する先住異民族に、黒タイの父祖たちが脅かされ、彼らに挑み、征圧していく様子を、『クアム・トー・ムオン』より『タイ・プー・サック』の方が詳しく記している。

⑤ サイ・チャーン死後の父祖たちの勢力争いの記事についても、『クアム・トー・ムオン』より『タイ・プー・サック』の方が詳しい。しかし、この部分は記述がやや混乱し、主語が誰なのかが非常にわかりにくい。

『クアム・トー・ムオン』は次のような話からはじまる。

まず、天地草木ができ、7つの地、五徳石、9つの河川[10]、ダー河と紅河の合流点ができ、人が降臨する。しかし、干ばつと洪水で生きとし生けるものすべてが滅びてしまう。そのあとで、天から降臨したタオ・スオンとタオ・ガンの二公が彼らの始祖となる。タオ・スオンとタオ・ガンの関係については、親子とするもの、兄弟とするもの、妹の子と兄の子のイトコ関係とするものなど、写本によって異なる［樫永　2003：169］。いずれにせよ、首領の世系と天上世界の至上神との太古からの深い繋がりが示され、原初までさかのぼる支配の正当性がここで語られている。

次に天は、8つの長ヒョウタンと、8本の天を支える銅柱をもった人間を地上世界においた。8つの長ヒョウタンには、諸々のもの、田に植える333の米、水にすむ333の魚、333氏族の人間がはいっていた。このとき天は、タオ・スオンとタオ・ガンに長ヒョウタンを持たせて、はるかなムオン・オムとムオン・アーイに降臨させ、それから息子であるタオ・ガンに長ヒョウタンを持たせて、はるかなムオン・ロに降臨させた。その後、タオ・ロという名の子を得た。

『タイ・プー・サック』には天地開闢や神代の話はなく、ムオン・オムとムオン・アーイに定住していた始祖の一群が、異民族サーに脅かされて領土を失い、ムオン・ロまで南下した経緯が詳しく語られている。一方、『クアム・トー・ムオン』にはサーに駆逐されたという話はない。しかし、いずれの年代記も、彼らが灌漑し水田開拓したムオン・ロを自分たちの故地とした点は共通している。

なお、1965～1967年に書写されたルオン・ヴァン・ティック（*Lưỡng Văn Thích*）写本[11]に基づく上の訳文からは、ムオン・ロ開祖はタオ・ガンで、その息子がタオ・ロとして解釈できる。しかし、『クアム・トー・ムオン』の異本の記述や、口頭による伝承にしたがえば、一般的にタオ・ガンとタオ・スオンの2父祖がムオン・ロの開祖で、タオ・スオンの息子がタオ・ロとされる。上記の通り『タイ・プー・サック』にはタオ・スオン、タオ・ガン、タオ・ロの名前は記載されていないが、本書でも一般的な解釈にしたがいながら訳出した。『クアム・トー・ムオン』、『タイ・プー・サック』両書には、ムオン・ロの情勢が安定したあとタオ・ガンはムオン・アーイを食邑しに戻ったと記されているが、その理由は不明である。

タオ・ロは『クアム・トー・ムオン』において影が薄い父祖である。あたかもそのあとの物語に繋げるために登場する父祖のようである。いっぽう『タイ・プー・サック』では、ムオン・ロ統治を安定させた首領として、もう少し存在感のある記述がなされている。翻って、タオ・ロの息子たちの分封については『クアム・トー・ムオン』の方が詳しい。

タオ・ロは、タ・ドゥック（*Ta Đúc*）、タ・ダウ（*Ta Đẩu*）、ラム・リー

西北ベトナムのルーの女性（二〇〇四年二月、ビンルー）。ベトナムのルーの伝統スカートは細かい織りや刺繍で知られる。北ラオス、中国シプソンパンナ、北タイのルーと異なり、上座仏教を継承していない。

（*Lằm Lì*）、リー・ロン（*Lị Lọn*）[12]、ラン・ガン（*Lạng Ngạng*）、ラン・クアン（*Lạng Quang*）という７人の息子たちを得た[13]。それから、タオ・ロはくにを息子たちに分割し、貴族出自の者たちに分けた。タ・ドゥックはロ・ルオン（*Lõ Luông*）[14]を食邑した。タ・ダウは、ロ・チャー（*Lõ Chà*）[15]を食邑した。ラム・リーはロ・ザー（*Lỏ Da*）[16]を食邑した。リー・ロンはムオン・ミン（*Mường Mìn*）[17]を食邑した。ラン・ガンはシー・サオ・ナー・ロン（*Xí Xao Nã Lõn*）[18]を食邑した。ラン・クアンはムオン・ポック（*Mường Pộc*）とムオン・マイン（*Mường Mãnh*）[19]を食邑した。タオ・ロは、セン・カン（*Xen Cang*）をパン（*pằn*）[20]に任じ【☞コラム27】、クン・ルオン（*Khun Lưỡng*）をモ（*mo*）[21]に任じた［樫永　2003：169−170］。

ムオン・ロの支配領域は、タオ・ロの６人の息子たちによって分配され尽くし、土地なしのラン・チュオンが食邑する地を求めてムオン・ロを去るのである。しかし、その行き先には、数々の強敵が待ち受けている。『タイ・プー・サック』は異民族たちとの緊張関係、戦闘の様子を細かく描写している。

異民族たちのうちサーと称されるのは、先述の通り、モン・クメール語系、チベット・ビルマ語系、カダイ語系など他の言語系統に属する先住民たちである。タイ語系の集団としては、ラオ、ルー、タイ・ノイが記されている。ルーは敵対的なのに対し、タイ・ノイはむしろ友好的に描かれている。ラオは敵対することもあれば、友好的なこともある大きな隣接勢力として描かれている。

これまでも見てきたように、『クアム・トー・ムオン』で細かく記されている記事が、『タイ・プー・サック』では非常に簡略化して描かれていることもあれば、逆のこともある。サイ・チャーン死後の後継者争いについても、『クアム・トー・ムオン』は次のように記すのみである。

> サイ・チャーンが死ぬと、タオ・カーンとタオ・カムの２兄弟でムオン・タインを食邑した。タオ・カーンも死ぬと、叔父と甥の間柄であるタオ・カムとタオ・チエウが仲違いした。そこでタオ・チエウはムオン・ライへと去った。そして、オン・チョム（*Ông Chộm*）[22]、オン・チュオイ（*Ông Chưỡi*）、ラン・ラッ（*Lan Lạk*）、ロム・ライン（*pú chẩu Lỗm Lạnh*）という４子を得た。こうしてタオ・カムがかつてのようにムオン・タインを食邑することになった［樫永　2003：174］。

このように『クアム・トー・ムオン』での記述はあっさりしている。タオ・カムの正室と側室の争いや正室の殺害、ルーの侵攻の話などは出てこないのである。いっぽう、本書訳を読んでいただけばおわかりのように、『タイ・プー・サック』には詳しい。しかし、どうもこのあたりの記述はかなり混乱していて理解しづい。

とにかく、『クアム・トー・ムオン』と『タイ・プー・サック』は内容的に相補的な関係を持つ。おそらくは各地に黒タイ父祖たちをめぐるたくさんの伝承があり、それらを下敷きにしてこれら年代記が成立したのであろう。

## 4. カム・ビン版とカム・チョン版

先にも述べたとおり、カム・チョン版はカム・ビン版に基づく写本である。しかし、両者には決定的な違いがある。カム・チョンによると、カム・ビン版『タイ・プー・サック』は、どういうわけか最初の方の部分、カム・チョン版で180行に当たる部分が欠如していて、カム・チョン版ではそこが補われているのである。カム・チョンも、一番有名な冒頭部分がカム・ビン版では欠けている理由はよくわからないと言ったが、その欠落はカム・ビンによるのではない。原本のコピーを見れば、原本にすでに記されていない。欠落部分には、ムオン・ロにタオ・スオン、タオ・ガンが入植し、タオ・ガンがムオン・アーイに戻り、タオ・スオンが天寿を全うして死ぬまでが記述されている。つまり、カム・ビン版はタオ・スオンの死んだところから話がはじまるのである。

『タイ・プー・サック』は、ブオン・チュンによるベトナム語全訳がすでに刊行されている。この『タイ・プー・サック』もカム・ビン版『タイ・プー・サック』に基づいた訳出である。したがって、これもタオ・スオンの死からはじまる。

これに対してカム・チョンは、彼の暗誦に基づいて最初の欠落部分を補った。カム・チョンとその妻カム・チャウはすぐれた伝承者として、並外れた詩文の暗誦力をもつ。惜しいことに彼らのようなすぐれた伝承者が、高齢化により西北地方全域から次々姿を消している。幸い『タイ・プー・サック』は文書としては残っているが、口頭でしか伝えられていない伝承の多くがもはや消滅の危機に瀕しているのである。

本書では、カム・チョン本訳出に際して、内容に応じて章に区分し、章ごとにタイトルを付した。また、カム・チョンから受け継いだ筆者の理解を明示し、読者の理解を補うために詳細な訳注をつけた。この歌の心を深く理解できている自信はないが、一読いただけるよう願っている。

注
1　2007年1月17日にカム・チョンからハノイで聞いた話。
2　[樫永　2007：29-30]を一部訂正。
3　2007年3月12日、カム・チョンから聞いた。
4　2007年6月29日、カム・チョンから聞いた。
5　2006年11月7日、カム・チョンから聞いた。
6　2007年6月30日、カム・チョンから聞いた。
7　2007年6月30日、カム・チョンから聞いた。

8　ターイ・メオ自治区は1962年に西北自治区（Khu tử trị Tây Bắc）と改称。

9　初代主任はカム・クオンで、カム・チョンは2代目である。

10　カム・チョンが各地で行った聞き取りに基づくと、9つの河川は以下の9河川をさすらしい。ロ川（*nặm Lô*）、サーン川（*nặm Xang*）、チャイ川（*nặm Chảy*）、カー川（*nặm Cả*）、紅河、ダー河、ナー川、マー川、ウー川、メコンである。ロ川、サーン川、チャイ川、カー川は、いずれも東北部を流れる紅河支流である。

11　A4版のノートに青色万年筆で筆記され、122頁からなる。うち117頁までが1965年に記され、残り5頁が1967年に補足されたことが、本文中に記されたコロフォンからわかる。この写本は、カム・チョンによりトゥアンチャウで収集された。その全文は、拙訳［樫永　2003］として刊行済である。

12　タオ・ロの4男リー・ロンの名は、異本ではロ・リー（*Lõ Li*）となっている。

13　息子の名前は6人しか挙がっていない。この写本には、ラン・チュオンの名が欠けている。

14　現イエンバイ省ヴァンチャン県ギアロの盆地中心部である。ギアロ盆地内に位置するロ・ルオン、ロ・ザー、ロ・チャーの地域は、「3つのロ」の意味でサム・ロ（*Xam Lõ*）と呼ばれる

15　ギアロ盆地内ロ・ルオンの上手。

16　ギアロ盆地内ロ・ルオンの下手。

17　イエンバイ省ヴァンチャン県ザーホイ社からトゥレ社にかけて。

18　ロ・チャーよりシア川上流域。

19　ともに現イエンバイ省ヴァンイエン県（huyện Văn Yên）。現在、そこの住民はタイーとして民族分類されている。

20　オン・パン職【☞コラム27】。

21　オン・モ職【☞コラム27】。

22　カム・チョンによると、別名オン・コン（*Ông Cồng*）。

# 『タイ・プー・サック』
# 父祖の征戦物語

黒タイ、白タイの間では高機が用いられている（一九九七年一一月、トゥアンザオ）。

## 1. 草分けのくに作り

水があれば水路がある。
くにがあれば領民がいる。
つぎに、サー[1]を討ち、領民が追い、戦を交えた。
その頃、テーン[2]の末っ子に、
その名をトゥム・ホアン[3]なる者がいた。
降りて来て、ライ川とセー湖[4]の主となり、
ダー河、紅河の上流部の主となり、
また下って、はるかムオン・オム、ムオン・アーイ[5]に、くにを作った。
くにの土地はどこまでも平ら、
くには、静かに澄んで、かつ堅い。
かのムオン・オムはこのうえなく、
かのムオン・アーイはすばらしい。
くにでは、稲を摘んでは束にする[6]。
くにでは、ノーンの樹皮を布団にしてかぶる[7]。
世はすべてこともなし。

1　タイ（*tãy*）と記されている「領民」から見た、異民族を総称してサーと呼ぶ。【☞コラム1】

2　テーン（*then*）は天上神。

3　トゥン・ホアンあるいはトゥン・ヴァーンと記されている異本もある。「空」を表す黒タイ語の熟語にトゥン・ホアン・ムオン・ファ（*tùng hoãng mưỡng phạ*）があることから、天上世界と関連する単語と思われる。

4　場所不明。

5　場所不明。

6　鎌で稲を刈り取って収穫するのでなく、穂摘み具で摘んで収穫していたことを暗に意味している。

7　ノーン（*nỏng*）は木の名前。樹液を矢毒に用いる。

モモンガ（二〇〇六年一一月、タンウエン）

## 2. 父祖の敗北

やがて、女は機を織って、布を巻きとる。
筬をうてば、綿埃がふわふわ舞う[8]。
片腕分、女が織れば、長袖サー[9]が床下に来る。
両手広げた分、女が織ると、
トンボやモモンガのように、袖だぶだぶの服を着たキン族が家に来る[10]。
それを、男はかんかんに怒り、
女もいらいらする。
ムオン・オムの領民はもはや安心できない。
ムオン・アーイを動かすこともできない。
毎日毎日、サー・ロー・リー[11]は挙兵し、脅かされる。
父祖も挙兵して迎え撃つ。
わたりあうのはボ・ゾーの河口[12]。
ぶつかり合うのはボ・ゾムの河口。
父祖の兵は紅河あたりで敗れる。
父祖はくびすを返して、ムオン・オムに戻る。

または、樹皮を剥ぎ、水につけては何度もたたき、最後に刃物で割いて樹皮布を作ったことでも知られる。

8　一般的に黒タイ村落では、垂直紋綜絖の高機が用いられている。

9　チベット・ビルマ語系の民族。

10　ベトナム王朝の官服を着たキン族が脅かす様子。

11　今日のどの民族に当たるのか不明。

12　場所不明。

ムオン・オムには、昼に食べるものなどない。
ムオン・アーイでは、まともに食べられない。
くには首領一族にふさわしくない。
川をせき止め、堰を築いて、田作りをしたり、
水路を掘り、水田にすることもできない。
二祖[13]ともども泣いて祖先に訴える。
他のくにの首領のもとに下るなんて、やりきれない。
他のくにの首領の女のもとに下るなんて、お供えを口にすることだ[14]。
父祖の米倉は、むき出しでカビが生え、
父祖の米は、すっかりダメになっている。
奮い立とうにも立ち上がれない。
解決の糸口をさがすほかない。
若者が旅に出て告げる。
青年が旅に出て進言する。
意見が9つあれば、うなずくだけ、
父祖に10も意見を出すと、聞き取れないと首をかしげる。
耳を傾けた。
「聞くところでは、下手にこんなところがある。
平らで、広く、渺茫としている。
渺茫たるゆえ、ゾウが駆けめぐっている。
ゾウさえ、方々の森で迷っている。
森は、大きく、深く鬱蒼としている。
首領こそ、この人跡未踏の森を開拓するのに望ましい。
首領が行って、くにを作るべきところ。」
ムオン・オムにいるのは易しくない。
ムオン・アーイにいるのは好ましくない。

13　天上から降臨したタオ・スオン、タオ・ガン二公のことであろうが、この年代記にその名前は明記されない。

14　「(祖霊が) お供えを口にする (*kin khảu*)」とは、降伏して首領が殺され、祖霊となること。

ヤマアラシ（二〇〇六年五月、モクチャウ）。血は精力剤であり、肉も美味とされ、高価で取引される。とげは、タニシを食べるのに用いられたりする。

みんなが聞き入れても父祖だけは迷っていたが、
親類縁者と同じく、父祖も絹糸のように柔らかく
受け入れた。
平坦な土地で戦うのは分が悪い。

## 3. くにをもとめて

父祖はムオン·オム中の盆地にいる兵馬を解いた。
風吹きすさぶムオン・アーイの曠野につどう兵を
解き、下手に下った。
大きなくにを捨て、長袖サーに入植させた。
そのままくにを捨て去って、サー・ロー・リーに
明け渡した。
ついに父祖は言った。ムオン・オムは食さず匂い
だけ、
ムオン・アーイは食さず、線香と蠟と木の花だけ[15]。
父祖の兵はハリネズミの小径を行き、

15　線香、蠟、木の花はいずれも祖先へのお供えものである。もはやムオン・オム、ムオン・アーイを放棄したことを意味する。

ヤマアラシの小径に沿ってかいくぐる。
ヤマアラシの小径はかつての牛[16]の小径、
父祖の兵は舟に従い、川沿いを行く。
トラに導かれて地を行けば、
トラの勇猛さを父祖は授かり、
トラの果敢さを、従う者たちも授かった。
父祖の兵はムオン・ゾー[17]に至って宿営し、
ムオン・ボー[18]に達してみると、
タイの人々[19]が来て、つき従った。
田はない。父祖の兵馬はとどまらない。
父祖の兵は川沿いを行き、地をのぼる。
兵を率いて、フット川[20]を遡上するのは難しく、
兵を率いて、あたりの沢は進むのは難しい。
地にのぼって望めば、黄色いシカが、火入れした山の若芽をはんでいる。
姿をさらして、畳々たる原の柔らかい若草をはんでいる。
黄色いシカの角は、7段に分かれて8本の枝となり、ぎしぎしに絡み合っている。
父祖の兵を見ても、黄色いシカは逃げない。
父祖の大軍は殺そうとしないから、避けずにいる。
見えるのは、山また山、
見えるのは、蒼々とした柔らかい茅。
リウ、リウと鳴く鳥の声が、人が話す声のよう。
父祖の兵はずんずん進む。
水牛を飼う民がいれば、縄で縛らせ、
赤ん坊を連れている者がいれば、揺りかごとおんぶひもで結ばせる[21]。
一族郎党みなが従い、家族が行く。

16 「かつての牛」とは、祖先たちのたとえである。祖先の導きで新しいくにを探しに出た。

17 ムオン・ゾーは、既出のボー・ゾーの河口と同じところか、場所不明。カム・ビン(1907-1988) がカム・チョン(1934-2007) に語ったところでは、「ムオン・ゾー・ムオン・ボー」としてムオン・ボーと対にして呼ばれることが多いということから、ラオカイ(ムオン·ボー) 付近であろう。

18 現ラオカイ。

19 このタイの人々は、現在のハザン省、カオバン省付近に住むタイ語系の人々のことであろう。

20 ラオカイ省ヴァンバン県付近を流れて紅河に注ぐ川。遡上するとムオン・ロに至る。

21 水牛を飼っている者は水牛を引き、赤ん坊がいる者はあやしながら、父祖につき従って行軍した。

揺りかご（一九九八年一〇月、トゥアンザオ）。梁に揺りかごを吊る。

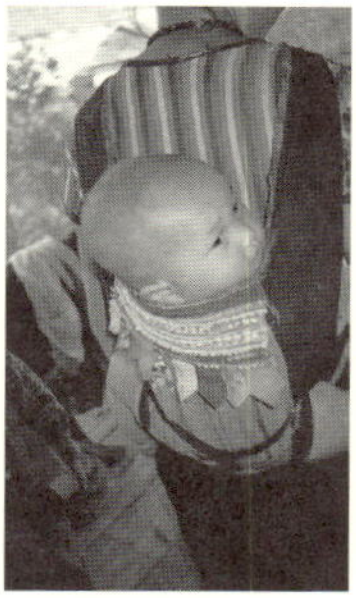

おんぶひも（一九九七年一〇月、トゥアンザオ）。ベトナム西北部の諸民族の間では、おんぶひもで赤ん坊を真後ろに負うのが一般的。

おこわ（二〇〇二年一一月、トゥアンチャウ）。黒タイは伝統的には、おこわが主食であった。現在は、ベトナム化が進み、うるち食が一般化している。

父祖の後ろに、くにをもとめて、続々と兵がつき従う。
10の家が10のおこわを弁当にし、
9の家が9の刀を携え、父祖に従う[22]。
父祖の兵はずんずん進む。
土地の平らな窪へとおりる。
大軍は、広大な土地に向かって、坂を下る。

22 統率のとれた組織的移住の様子を形容している。

くにの大池（二〇一〇年四月、トゥアンチャウ）。くにの中心に掘られたこの池には、竜が住むとして神聖視され、くに祭りの際には水牛供犠も行われた。

## 4. ムオン・ロの開拓

ロ・コン・コアン[23]の地はあふれんばかり。
広大な土地、まさしく天下。
父祖は、ロの地[24]と名付けた。
ロの地には、カジノキやコウゾ[25]がもくもくと生え茂り、
年古ったオーの草[26]が生い茂っている。
父祖は胸を詰まらせ、見はるかした。
眼下には、幾条もの大きな川が交叉して流れている[27]。
一条流れた先に、また一条、
広い瀬あり、深い淵あり、
主たる竜やミズチが[28]、父祖に姿を見せる。
父祖は水牛を殺してセン・チャー[29]を催した。
こうして父祖は、その地[30]をロ・チャーと名付けた。
一族の精霊をしっかり据え付け、
その地をロ・ザーと名付けた。

23　ロ・コン・コアンの正確な意味は不明であるが【☞コラム 2】、ムオン・ロのことである。

24　すなわちムオン・ロである。以下の記述の通り、ムオン・ロは、ロ・チャー、ロ・ザー、ロ・ルオンという3つのロ（サム・ロ）で形成される。

25　カジノキ、コウゾは、ともにしばしば現地で紙漉の原料である。

26　水辺に生える葦の一種。ライチャウはこれで作った櫃の産地として有名である。

27　ギアロ盆地に関しては【☞コラム 3】。

28　通常、吉竜をルオン（*luỗng*）、凶竜はグアッ（*ngượk*）と呼ぶ。本書では、ルオンを竜、グアッをミズチと訳し分けた。

29　セン・チャーは、くに祭

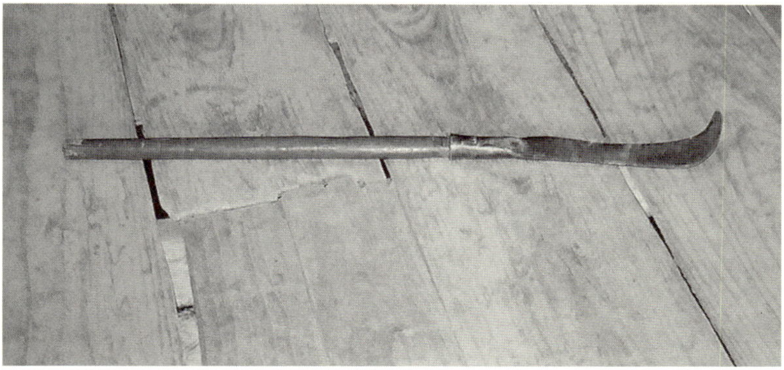

まさかり（一九九九年一月、トゥアンザオ）

まさかりで巨林を切り開き、
父祖のまさかりをコツコツ打ち込んだ[31]。
父祖は弟たちを役につけ、
青年20人も使わせた。
父祖の指示で、男女ともども開拓した。
カジノキの森を拓いて田を作り、
コウゾの森を拓いて村を作った。
茅の株を刈って、籠一杯にして負い、
葦の株を刈って、もっこ一杯にして担ぐ。
父祖の竹筒[32]から点火する。
父祖の竹筒から火をつける。
炭火からシュッと火がおこる。
炭火からバッと燃え広がる。
木を倒して堰を作る。
掘って土盛りができたら水を流す。
狭い水路に水を引く。
くにじゅうの人が田んぼを作り、米を食べる。
いったい何年刈り入れすれば、ロの地の半分に達

り最大の大祭である。【☞コラム 4】

30　ネンという用語を用いている。ネンは、世界を構成している霊的な観念の一つで、ここでは、セン・チャーを催した土地の精霊のこと、転じて、その土地のことである。

31　ここまでの2行は、くに作りを父祖が始めたことを意味している。慣習によると、赤い長衣を着た首領が、まさかりを手にとって木に斧を打ち込む儀礼を最初に行った後、堰が築かれ、水利灌漑が行われた。

32　かつては小さい竹筒に火打ち石を入れて持ち運んだ。【☞コラム 5】

葦（二〇〇六年一一月）。茎は、鳥籠、筆の芯など細工物によく用いられる。

するのか。
くにを求め、天なる地の半分を得た。
天なるくにの半分を得る。
タイがムオン・ロの土地に入ったことを知らしめる。
くにはよし、ひらけてよし。
トン・ホック、トン・ウオンには府が見える[33]。
馬が田を駆けめぐる。
見れば、ザーの盆地には貴族の女性たち。
身を飾ったあでやかな女たち。
ホム池、ハーン池には、ビンロウジが実を垂れている[34]。
そこで、ロのタイは、田を作り、米を食べる。
米を得、成った。うましくに。

## 5. タオ・ガンの回帰

弟の方の父祖[35]は、一族を率いて戻っていった。

33　トン・ホック、トン・ウオンは現在にもギアロにある地名。府（phủ）とは、大きなくにの中心地のことである。

34　ホム池、ハーン池はギアロにある。ビンロウジの実に関しては【☞コラム 6】。

35　『クアム・トー・ムオン』によると、タオ・スオンとタオ・ガンは兄弟（姉の息子と弟の息子というイトコ関係と記す写本もある）であり、その記述に依拠すれば、弟の方とは、タオ・ガンを指す。

昔のようにムオン・オム、ムオン・アーイに戻った。
父祖がくにに入ったが、主はいなかった。
父祖はそこにとどまらず、
1万人を率いてダー河のほとりに至った。
碧水ダー河のほとりで主となった[36]。
ムオン・ロを捨て、兄の方の父祖が米を食べた。
玉なる年をいくつも数え上げた。
そのままとどまり、父祖は長寿を享けた。

### 6. ムオン・ロ上手の制圧

夜寝る時、憂いごとは何もない。
心乱すことは何もなかった。
ただ心乱すことといえば、堰の上手にいるサーのことのみ【☞コラム7】、
川の上手にいるあごに縞のあるサーのことのみ【☞コラム8】、
まだ父祖にまつろっていなかった。
ゾウを獲っても彼らは納めに来ない。
シカを得ても彼らは献じに来ない[37]。
銅[38]【☞コラム9】を得ても捧げに来ない。
挽き臼を回し、矢を立てて、中につっこんでいる[39]。
また、赤布で飾った槍【☞コラム10】を構え、
彼らは、鬨の声をとどろかす。
あまねく天にまで、呪詛を響きわたらせる。
大君たるロの首領を殺すと告ぐ。
おそれかしこい父祖の心は、雌水牛ほどにもわきたち、

36　カム・チョンは、このダー河ほとりの地をライチャウ、フォントーであり、タオ・ガンが白タイの始祖と仮定している。根拠として、兄タオ・スオンと弟タオ・ガンの名前をあげる。スオンは黒の意味、ガンは銀（白）の意味だからという。

37　諺に「女に全部ハチを食べさせるな。男にシカを全部食べさせるな」とあるように、ハチの巣やシカを得たら、慣習法に従って、首領に捧げなくてはならなかった。
38「天霊の犁」と記されているが、銅のこと。
39　毒を調合して、矢先に塗っている様子。

挽き臼（二〇〇四年一〇月、ライチャウ省ダー河沿いのザオ村落）。挽き臼は、モンやザオの村でしばしば見かける。

おそれかしこい父祖の心は、雌ゾウほどもほとばしる。
ロ・ルオンの兵や、いずこに。いざ助けよ。
ロ・チャー、ロ・ザーの兵や、いずこに。いざ来たれ。
父祖は大太鼓をうち鳴らし、若兵たちを集める。
父祖の兵は、矢先を下げて攻めのぼる。
サーの死体が一面、ごろごろ横たわる。
大量の殺戮に、父祖も天誅をおそる。
転がる槍もあまた。父祖はついに若兵たちに槍を置かせた。
思うところも多く、父祖はもはや殺すのをやめた。
サーの群れをとらえると、父祖は水牛を献上させた。
あごに縞のあるサーの群れをとらえ、父祖に帰順させた。

## 7. タオ・スオンの死

それから父祖は子に同じ道に従うように諭した。
同じ道を歩めば、父祖は長寿を享けることができる。
深く下って行く道だが、父祖は安らかだ。
父祖のおおらかな心を子や孫に与え授けた。
父祖の大太鼓が、火のごとく打ち鳴らされた[40]。
板、箕のこで土をすくっては土手に盛る[41]。
キツツキは老いて、寝所で死んだ[42]。
ソッの木[43]の洞にある止まり木で死んだ。
老爺はロの墓地の底に入った。
巨ゾウは死に、鼻とキバが抜けて、ダー河、ウー川、メコンまで覆った。
大きな魚は、稚魚を残して死んでしまった。
死んで、ロのくにの深い淵、ダー河、ウー川、メコンが残った。
ついにムオン・ロは静まりかえってしまった。
大きな掘り棒が折れてしまった。
リエンやマーイの木[44]の掘り棒が折れてしまった。
いい犁が折れてしまった[45]。
父祖は魂を掬い上げて、ダー河上手の田の畦においた[46]。
天へと送ったが、天子たる父祖はムオン・ロに戻ってきた[47]。
ムオン・ロはよいくに、よくひらける。
すばらしい黒い雄水牛がいて、しきたりをよくわきまえている[48]。
すばらしい花の尾の黒い雄水牛[49]みたいだ。
くににも村にも子孫が満ちる。

40　葬式のために太鼓をうち鳴らしている。つまり父祖タオ・スオンが死んだ。

41　ここから「老爺はロの墓地の底に入った」までの4行が『タイ・プー・サック』の中で好んで歌われる箇所である。カム・ビン版『タイ・プー・サック』はここからはじまる。

42　キツツキはいつも木を叩き続けている。木を叩く音がとぎれるのは、死んだことを意味するという。父祖タオ・スオンが、キツツキのごとく多忙な日々を送り、ついに亡くなった。「寝所で」とは、戦争などによるのではなく、天寿を全うできたことを意味している。

43　ソッ（*xọk*）の木は、軽くて、柔らかくて、しっかりしていて、虫が付きにくいため、家の梁にしばしば用いられる。「ソッの木の洞にある止まり木」とは、父祖がソッの木で作った棺桶に入ったことを意味している。

44　リエンの木（*liễng*）とマーイの木（*mãi*）は、非常に堅固なので農具の柄としてよく用いられる。

45　犁の保管に関しては【☞コラム11】。

46　「ダー河上手」とは、ムオン・オム、ムオン・アーイを意味していると思われる。

ルアンパバン近くでウー川はメコンに合流する（二〇〇一年九月）。

犁（一九九九年九月、トゥアンザオ）

「(霊魂を) 掬う」という前半のことばを受けて、後半では「畦におく」という表現が用いられている。父祖の霊魂は、一度ムオン・オム、ムオン・アーイに戻っていったのであろう。

47　タオ･スオンの霊魂が、ムオン･ロに戻ってきたのである。タオ･スオン以降、黒タイの死者の魂は、ムオン･ロから直接天上世界に昇ることになり、ムオン・オム、ムオン・アーイとの関係は切れるのである。

48　水牛が「しきたりをよくわきまえている」とは、次の２つの意味がある。１つめは、水牛が、自分の仕事をよくわきまえ、よく人に従い、労働をこなすこと、２つめは、黒水牛を供犠するくにの祭礼を、規定に従い、人々がきちんと遂行することである。

49　花の尾を持つ水牛とは、すばらしい水牛の形容である。

ムオン・ミンの盆地（二〇〇〇年一月、ヴァンチャン県トゥレ社）。質のいい米が取れることで有名。

## 8. ムオン・ミン制圧

それからタイは、鉄をサーの近くで打つ[50]。
サーも応じて父祖の近くで打つ。
ムオン・ミンの頭目は[51]、山深くにいる。
クジャクやハッカン[52]が終日飛べるだけ飛んでも行き着けない。
バンケン[53]が終日飛べるだけ飛んでやっと行き着ける。
誰のゾウ[54]が駆り立てようとしても、逃げない。
父祖のゾウが駆り立てて、ようやく逃げる。
よきくにに、父祖がはじめて入る。
連中の首領が去って、我らが父祖がそこにいる。
我らが父祖は大網に倒る[55]。
破って抜けでた者は勲功を賞される[56]。
大銅鑼の面が[57]、やっと荒垣をめぐらした村[58]へと入りこむ。
白銀の銅鑼[59]が、やっとミンの村へと入りこむ。

50　サーの近くで鉄を打つのは、戦に備えて武器を準備し、サーを威圧するため。
51　ムオン・ミンはサーの頭目が支配していた。
52　キジ科の鳥で、オスは白い毛で覆われている。
53　【☞コラム 12】
54　ゾウは戦の乗り物。どの勢力にも制圧されないことを意味する。
55　ここでの大網（*xái*）は、シカなど森の獣を捕る仕掛け網ではなく、戦で用いる鉤の付いた大網を示す。後者により、ムオン・ミン制圧を指揮した隊長（父祖）が死んだ。
56　「ウオン（*uởng*）の実」という語が用いられている。ここでのウオンは、深い森に生えるウオン・クアイ（*co uởng quãi*）という木のこと

仕掛け罠[60]が落ち、まだらの尾を持つバンケンを得る[61]。
ゾウは駆けめぐり、田にまでたくさん姿を現す。
大仕掛け[62]でトラの子[63]がしとめられる。
深い淵、ロの淵に毒の粉[64]を流してミズチを得る[65]。
手に入れた水辺は堰で区切る[66]。

## 9. タオ・ロの君臨

人々が集い、くにの民となる。
洋々たるくに、キムとタオ[67]、
ムオン・ロにいます父祖の名も知られる。
ムオン・ロはよいくに、よくひらける。
トン・ホック、トン・ウオン[68]には馬が駆けている。
見れば、貴族の女性たち。
身を飾ってあでやかな女たち。
ホム池、ハーン池には、ビンロウジが実を垂れている。
父祖は戦って、ムオン・ロにはサーもいる[69]。
川を得、それから父祖は陸を分かち
陸から空を分かち[70]、
約束を交わして、ロ・ヌア[71]を分かつ。
ロ・ヌアもラップ・リー・リー・ローンの主[72]が食邑し、
ロ・ルオンにもサム・カム[73]が入城する。
塁を築くのに、折った葦は十万に及ぶ[74]。
道はこんがらがって、誤れば田に出ることも[75]。

である。20世紀初頭までのセン・ムオンやセン・チャーなどのくにの大きな祭礼では、ウオン・クアイの木材で作った台座の上を、司祭モが、踏んで移動しながら『タイ・プー・サック』を歌って舞った。この木は、金にたとえられる。転じて、ウオンの実はすばらしい功労をあげることである。大網を破って逃れえた者の武勲をたたえているのである。

57　大銅鑼をうち鳴らして戦にでることを意味している。

58　クエン (*quyển*) はモン・クメール語系の言語で、村を意味する。ムオン語のクエル (quêl)、ベトナム語の「郷」を意味するクェ (quê) にあたる。

59　銅鑼の出っ張り部分が銀で装飾された「くにの銅鑼」のことである。ムオン・ミンが黒タイに征服されたことを意味している。

60　ヘオ (*hẹo*) と呼ばれる仕掛け罠【☞コラム13】。ヘオとは、つっかえを除くと網が被さるように仕掛けられた罠のことである。

61　ムオン・ミンの首領が討ち取られた。

62　カム・チョンによると、ハオ (*háo*) と呼ばれる仕掛け罠【☞コラム13】。ハオは、トラなどの大型獣をとる仕掛

タンウエン県ムオンキム社（二〇〇〇年一月）

けである。太い釘を櫛状に差し込んだ、硬くて太い種類の竹を、数人がかりで引っ張ってしならせ、近づいてきた獣や敵を、弾いて串刺しにしてうちとる仕掛けである。ただし、カム・チョンも実際に見たことはないという。

63　トラの子は敵の首領のこと。

64　ここでいうブア（*bưa*）とは、糠状の粉のことである。転じて糠状の粉を溶かすことを意味し、さらには魚毒【☞コラム 14】を水にまくことを意味する。

65　吉竜（竜）、凶竜（ミズチ）ともに水の精霊、土の精霊であると考えられていて、ミズチを得るとは、土地の主であるサーの首領を討ち取ったことを意味している。

66　堰を築くとは、水利灌漑を整備し、くに作りしたことを意味している。

67　ムオン・キムは現ライチャウ省タンウエン県ムオンキム社。ムオン・タオもその付近であろうが、正確には不明。

68　【☞注 33】

69　ムオン・ロのサーが平らげられ、一緒に暮らすようになったことを意味している。

70　サーとの間で、川、土地、空中の領土区分がなされたのである。

71　ロ・ヌアが、今日ムオン・ロのどこを示すか不明である。扇状地上流部か、ムオン・ロ北部か。

72　ラップ・リー・リー・ローン（*Lặp Lị Lị Lòn*）は首領の名。

73　このサム・カム（*Xam Cắm*）は、『クアム・トー・ムオン』にも登場するムオン・ロ首領タオ・ロ（*Tạo Lõ*）のことであろうか。

74　水辺の葦を10万本も刈るほどの大工事をしたのである。

75　広い城内の道は迷路状で、そう簡単には中央に近づけない。

ソンラー省フーイエンの盆地（二〇〇二年一月）。フーイエンも米所として知られる。

茅の葉は人々の屋根となる[76]。
ムオン・タック[77]はキン族の妻をもらったくに。
キン族のよめがいる[78]。
よめとして、くにの首領に寄り添っている[79]。
川は広大で渺々たるもの、
渺々としているよ、紅河は。
ムオン・ミン首領クン・ルー[80]にまで名が知られる。
キムとターンまですっぽりと[81]。
キムとターンは鉢[82]をもって貢納しに来る。
どの鉢にも金の花紋が装飾されている。
ムオイとラーも水牛を連れて貢納しに来る[83]。
どの水牛も花の尾をもつ黒水牛。
チエンとチャイのくに[84]もかしずきにやってくる。
夫婦家族もろともに。
ナー・ゾーイ[85]もカモシカを連れてやってくる。
くにの上手からも、銅鑼をもって父祖のもとに貢納しに来た。
花柄の金の簪を髷に挿し、父祖のもとに。

76　城塁の中に、茅で葺いた人々の家が建ち並んだこと。つまり、ここまでの3行は、ムオン・ロに城塁が築かれ、人々の生活と政治の中心となったことを意味している。

77　現ソンラー省フーイエン県。

78　ベトナム王朝の皇族と通婚関係があった。

79　ムオン・タック首領はベトナム王朝皇族の妻を娶ったが、ムオン・ロへの貢納を維持しながらムオン・タックを統治しているのである。

80　ムオン・ミンのサー首領は記述の通り平定され、現在はクン・ルー（*Khun Lũ*）という黒タイ首領統治下にある。

81　ムオン・ターンは現ライチャウ省タンウエン県。ムオン・キム、ムオン・ターンともにムオン・ロに服属している。

米を寝所にお供えする、父祖のために[86]。
来る日も来る日も銅鑼、太鼓を吊した竿が父祖のもとに、どんどん、がらがら[87]。
あっちやこっちの銅鑼太鼓が、鳴り合わさって音のあやをなす。
音《ね》はキン族の国の皇居まで響く。
キン族の王、ラオの王のところまで響く。
話しことばも同じラオの王も、父祖にまみえにやってくる。
父祖は、佳きもの、美しいもの、サイの角、玉を得る。
銀と金をかき集めてキン族の国へ下る[88]。
キンの王がしっかりと顔を見て、微笑みかける。
上着の肩が、ロ・ルオンの父祖をぴったり包む[89]。

## 10. タオ・ロの息子たちへのくに分け

それからタオ・ロは仲人を見つけることができた。
結納が済むと、平伏して辞儀をし[90]、起きあがるや、したくに取りかかる[91]。
首領は蚊帳[92]を支度して、妻と寝た。
こうして銀と金があわさり、水になった[93]。
パッチワークの装飾[94]があわさって枕となった[95]。
首領は妻と寝て子を得た。
父祖タ・ドゥックは18人の子を得た。
父祖タ・ダウは20人の息子を得た。
紅河上流部全体を分けた[96]。
首領は各地、各方面にくにを作った。

82 【☞コラム15】
83 ムオン・ムオイはソンラー省トゥアンチャウ県。ムオン・ラーはソンラー省ソンラー。まだ、サーによって支配されていて、当地のサーの首領が貢納しに来たのである。
84 ムオン・チエンはソンラー省クインニャイ県、ムオン・チャイは現在ムオンチャイ社、ダー河とムー川（*Nặm Mu*）の合流点付近にあたる。
85 ナー・ゾーイは、モン・クメール語系コムー。【☞コラム16】
86 「米を送る（*xống khẩu*）」という慣用句が用いられている。これは父祖の精霊を祀るために米をお供えすることを意味する。人の精霊は、その人の寝所にも宿っているという観念に従い、父祖の精霊にお供えするのである。
87 毎日どこかしらの首領がムオン・ロに貢納にやってきて、銅鑼、太鼓がうち鳴らされることを意味している。
88 『欽定越史通鑑綱目』などに、11世紀李朝の仁宗（Lý Nhân Tông）の治世に、哀牢と牛吼の人々が朝廷にはじめて帰順しにやってきた記事がある。カム・チョンはこれがその記事に相当すると推測している。なお牛吼については【☞コラム17】。
89 上着の肩とは、首領の

豚小屋（一九九七年、トゥアンザオ）

精霊を意味している。すなわち霊的にもタオ・ロがムオン・ロの統治する存在となり、すっかり平和になったのである。

90　「平伏して辞儀をする（*cổm hua*）」とは、使者がタオ・ロのもとにもどって婚姻の約束がなされたことを報告する所作である。

91　使者がしきたりに従って婚姻の儀礼的慣行の執行に取りかかるのである。

92　【☞コラム 18】

93　子作りしたことを意味する。

94　寝所の入り口に吊すカーテン上部には、よく色とりどりの三角の布がパッチワークによって装飾されている。そのカーテン【☞コラム 19】のことと思われる。

95　カーテンのような平面のものがあわさって立体の枕になったという意味で、子作りしたことを意味する。

96　トゥアンチャウにある『クアム・トー・ムオン』には、「タ・ドゥックは 18 人の子を得、タ・ダウは 20 人の息子を得、息子たちに領土を分割し終えると、紅河上流部に行き、そこを食邑した」[樫永　2003：170] とある。紅河上流部とはムオン・オム、ムオン・アーイのことを意味するのであろうか。

窓辺でゆったり腰を下ろしている姿もきらきらまばゆい[97]。
家のどこに座っていても輝いている。
天の理に従って、雄鶏は一つの小屋に同居できない[98]。
村中に鋭い声を響き渡らせるだろうから。
雄水牛は一つの小屋に入れられない。
小屋が壊れて、バラバラの板になってしまうだろうから。
雄豚を一列にはさせられない[99]。
古い糠を争ってしまうだろうから[100]。
ムオン[101]の首領の息子たちは、一つの村にいられない。

## 11. ラン・チュオンの出ムオン・ロ

父母を同じくする息子[102]がついに喧嘩した。
しきたりを心にしっかり刻んだ人だよ、父祖は。
下の子だから馬[103]もないよ、父祖には。
末っ子だからくに[104]もないよ、父祖には。
壮健なゾウが大きな森に向かって吼える。
巨ゾウが巨林に向かってうなる[105]。
駆け回り咆哮する声が、盆地の端まで届いて、崖でこだまする 。
ついに父祖は、簗を仕掛けるのに澄んだ川を求めに行く[106]。
魚がひしめく清冽な川を塞ぎに行く。
人気を得、くに全体から続々人が集まる。

97　ゆったり座っている女性の美しさが形容されていることから、主語はタ・ドゥックやタ・ダウの母であろう。
98　鶏の飼育小屋（*lộc*）は、ここでは「くに」のたとえである。雄鶏を一つの飼育小屋に複数入れると喧嘩してしまう。すなわち、一つのくにに首領は一人でいいことを意味している。次の水牛、豚のたとえも同様である。すなわちタオ・ロの息子たちが、土地をめぐって争ったのである。
99　横一列になって飼料桶から餌を食べる様子を指している。
100　古くて硬くなった糠をめぐってさえ、ブタ同士が争うのである。
101　【☞コラム 20】

102　タオ・ロの末子ラン・チュオンのことであろう。この書には、ラン・チュオンの名はほとんど記されない。カム・チョンは、この書が祈祷書だからだという。
103　戦をするための馬である。
104　食邑できる土地がなかった。
105　ここでのゾウとは、ラン・チュオンのことであろう。
106　首領数人が取りあっているムオン・ロは濁っていると、暗に意味している。

簗（二〇〇四年二月、ライチャウ）

そこで家の一方に座って、しきたりを定める。
サウ・ホン[107]の柱のしきたりを動かすことを決断する[108]。
ついに父祖は征戦に出るが、幾重にも包囲され、うちのめされる。
家に引き返して、すぐれた予言者を探す。
「ともども決起すべし。さもなくば恐るべし、神意に背くことを。
覚悟して、打ち、斬り出でよ。
ともども決起し、もののけのくに[109]を斬って斬って斬りまくれ。」
ついに、征戦を父祖は呼びかけて兵を挙げ、疫病神のくに[110]までも徹底的に攻めることにした。
木を斧で打ち倒し、削って、槍の柄とする。
刃[111]を柄につぎ、父祖は狙いを定める。
ソッの木を伐り、盾を作る[112]。
赤みがかったサーンの老竹[113]を割って弓を作る。
長弓[114]は堅く力強い。

107 【☞コラム 21】
108 サウ・ホンは、祖先を祀る「家霊の間」に接する柱のことである。サウ・ホンのしきたりを動かすとは、家を出ること、すなわちムオン・ロを捨てて出ることを意味する。
109 敵であるサーのくにを「もののけのくに（*mường phi*）」と呼んでいる。
110 「疫病神のくに（*mường phi hà*）」は、敵のくにの意味ではなく、文字通り疫病神の住むくにという意味であろう。相手が人間だろうが精霊だろうが、抗うくにはすべて平定する覚悟を示している。
111 カム・チョンによると、槍の刃に黒タイや白タイは黒い銅を用いたそうだが、筆者は未確認である。
112 盾（*pèn*）は木製で黒

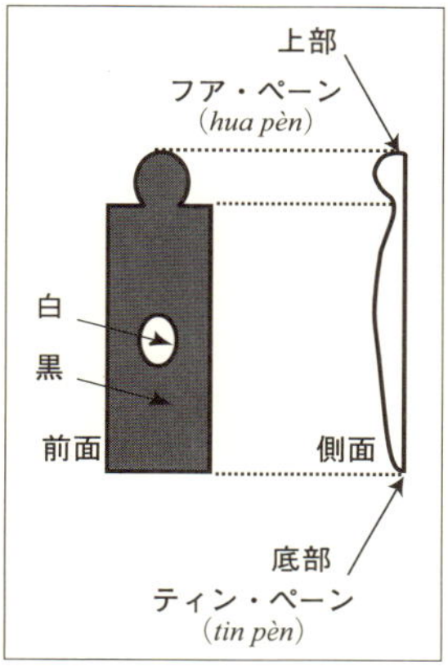


盾

ニワトリ用の籠（一九九九年九月、トゥアンザオ）

茂みをなす麻[115]を引き抜き、弦を作る。
白くてふわふわなびくようす[116]は髪のよう。
記されたことを口にし、確実なものにする[117]。
節ごとに区切って読み、儀礼を行う。
吉時に、父祖は野営する[118]。
それから父祖は巨大な甕に入った酒を引っ張りだして、開宴する。
籠にぎゅうぎゅうのニワトリが、ことごとく霊になる。
水辺にぎゅうぎゅうの水牛が、おびただしく殺される[119]。
床下ではぎゅうぎゅうの馬たちが、足踏みして地面をゆさぶる。
くには人でぎゅうぎゅうで、誰も彼も盾を構える。
古兵はガオの帽子[120]を頭に被る。
父祖は村を越え、ホック[121]の竹山を上る。
太鼓を叩けば、空全体にとどろき渡る。
田を越え、ビワモドキ[122]の山、オオバイチヂク

白に塗られていたという。
113　マイ・サーンはイネ科タケ亜科の植物で、弓などに適する。
114　ここでの長弓（*nả công chãng*）は、弩（*nả*）ではなく、縦に弦を張った弓である。実物については、カム・チョンも見たことがないという。
115　【☞コラム 22】
116　績む前の麻の繊維が白髪の如く柔らかであることを形容している。
117　しきたりに従ってモが書に書かれた通りを口にして祈祷し、戦勝を確実にすることを意味している。
118　占いで選ばれた吉日に出征したのである。
119　たくさんの鶏、水牛を供犠して、精霊に戦勝祈願し、共食するのである。
120　「ガオの帽子（*muát*

の山を上る。
すでに将校たち、一族郎党は参じている。
すでに家臣は先に行き、兵を先導する。
サー・チー・サー・チャー[123]たちの地を行き、
ムオン・バー[124]、ムオン・アーイ[125]を行き、
ムオン・チャイ、ムオン・チエンを行き、
白波逆巻くチエンの河口[126]を行き、
淀んで濁るパムの河口[127]を行く。
フタバガキ[128]の木舟を女兵士が漕いで導く。
ウルシ[129]の木舟を女兵士が漕いで導く。
漕いで漕いで漕ぎまくり、ようやくたどり着く。

## 12. クン・クアン征伐
## —チャウ・カム・タンの死

大軍を集め、列を横にして前進し、ダー河をわたる。
兵は、サーすべてを束ねたクン・クアン[130]にうち勝てない。
サー・カー・チャー・サー・カー・チャン[131]の軍に。
そこで父祖は、太く長い籐を探してきて、かけ渡し、
長弓をクアン・クンに向けて、しならせる。
陸の上のクアン・クンは父祖を狙っている。
父祖の兵は勇者800が死んだ。
英雄チャウ・カム・タン【☞コラム24】も死んだ。
父祖の槍は短く、父祖は逃げる。
クアンの槍は長く[132]、クアンが負かす。
剃り上げた頭皮を天日に干した[133]のは、父祖の方。
父祖は心苦しさに胸つまった。

*ngạo*)」のガオとは、帽子の形状の形容と思われるが、具体的にどのような形状か不明。

121　ホック（*mạy hốc*）はイネ科タケ亜科。

122　ビワモドキの実は食べることができる。

123　サー・チー・サー・チャーで一つの民族集団を指すのか、サー・チーとサー・チャーの2民族集団なのかも不明【☞コラム23】。カム・チョンは、サー・チーはモン・クメール語系コムーでないかと推測している。

124　現ソンラー省のムオンチャイ社の古称。

125　ムオン・チエン（ソンラー省クインニャイ）の古称。同地の伝承によれば、白タイのカム・タック（*Cẳm Tắc*）が、先住民を戦闘で駆逐してここに入植した。ムオン・チエンのチエンとは、戦闘に因む漢語「戦」に由来する、とカム・チョンは語った。

126　ムオン・チエンを流れるチエン川とダー河の合流点。チエン川は急流で知られたが、この半世紀の間に水量は減り、今では小川になっている。

127　パム川はチエン川より上流部でダー河で合流する緩やかな小川で、砂質を含んで黄色く濁る。

128　*co chuông*、*co hão* の

心重たく、胸押しつぶされる思いであった。
戦って戦って、もののけのくにを平らげつくそう。
戦って戦って、もののけのくにをやぶりつくそう。
父祖はアーイ・ラオ・ノイ[134]を紅河へと遣わす。
大きな丘[135]にいるクン・ロの耳に届いた。
挙兵させ、援軍をよこした。
輝ける虎[136]が川を遡りやってきた。
兵は長槍を槍棚においた。
輝ける虎が陸を駆けあがって援軍しに来た。
それから父祖はドン・ドイ[137]にチャウ・カム・タンを葬った。
800人の英士とともに。
頭領はくにを求める。魂のみがつき従う[138]。
プー・チャウは、精霊を支える役に任じられ、姿を見せるのを禁じられた[139]。
クアンの槍は短く、クアンは逃げた。
父祖の槍は長く、父祖は打ち負かした。

## 13. アム・パム征伐—ムオン・ラー食邑

くにを求める道に大軍、
父祖の軍はざらざら石のブー川[140]を歩いて遡上する。
山を越え、谷間をわたれば、石がごろごろ。
すけすけの栓を耳たぶにつめたサー[141]に出会う。
サーの大城塁がポム・タウ[142]に、
大きな丘の首領はアム・パム・イ・キム[143]、
彼らの銅鑼、太鼓が入り乱れ、

木はいずれもフタバガキ科の常緑高木なので、ここではまとめてフタバガキと訳す。まず幹がまっすぐ上に向かって伸び、その後横に枝を張りだして、大木に成長する。船や建築材としてしばしば利用される。

129　クーの木、チャーの木はウルシ科 *Dracontomelon* 属に属する樹木である。いずれも大木に育ち、建築材に適する。ソンラー市中心部にも比較的最近まで、有名なチャーの大木があった。

130　クン・クアンはこのとき敵対したサーの将軍のことで、後出のクアン・クンと同じであろう。

131　サー・カー・チャー・サー・カー・チャンで一つの集団名なのか、サー・カー・チャーとサー・カー・チャンという2集団なのか不明。また、前出のサー・チャーとサー・カー・チャーは同一集団であろうか。

132　ここでの槍の長短は、勝敗を示す。

133　諺「剃り上げた頭皮を天日に干す」とは、敗北の屈辱を堪え忍ぶことを意味する。

134　将軍の名であろう。

135　大きな丘にいるとは、父祖クン・ロすなわちタオ・ロの存在の大きさを示している。クン・ロとは、ムオン・ロ

ダー河とブー川の合流点（二〇〇六年五月、ソンラー県タブー社）

首領である、ラン・チュオンの父タオ・ロのことであろう。

136　ここでは虎は戦争に通じ、「輝ける虎（*xanh xưa*）」とは軍隊のことである。虎は、日や火などと同様に光を持つという観念に基づく。

137　ソンラー省ムオンラ県イット・オン社（xã Ít Ong）にある丘だが、2010年現在、すでにソンダーダムの水底に沈んだ。

138　戦死したカム・タンたちの魂が、軍につき従い、首領を守護することを意味する。

139　このプー・チャウは戦死したプー・チャウ・カム・タンのこと。【☞コラム24】

140　ダー河にソンラー省タブー社で合流するブー川のことである。

141　現在のどの民族にあたるか不明。

142　ポム・タウはソンラー市にある丘の名前。ソンラーから国道6号線をトゥアンチャウ方面に向かって、右手にソンラー刑務所と人民委員会があるカウ・カーの丘（*pôm khau Cả*）、左手にたつホテルの裏手にある丘である。

143　ムオン・ラーの『クアム・トー・ムオン』に基づくカム・チョンの解釈では、アム・パムの別名がイ・キムである。前出のクン・クアン（クアン・クン）と同一首領かもしれないが、はっきりとはわからない。

ハーイ村はソンラーの盆地をなすラー川縁に位置する（二〇〇五年九月）。ラー川を隔てているが、ボ・カーもハーイ村に近い。

妙なる音色が、くまなく空に響き渡る。
ついに父祖は大軍を配し、うち破ろうとするが、
壊し、脅し、バラバラにするのは難しい。
父祖はホムの谷に兵を配置する。
兵を導き、フンの谷[144]を塞ぎ、主君オック・パム[145]を捕らえたのは、
まさにタム・ポンの岩山[146]において。
それから、もののけどもにしきたりを改め、帰順するよう促した。
臨機応変に対処しつつ、タイ・ロ[147]は一体となって行軍したが、
ムオン・ラー上手[148]にはまだサー・ノイがいた。
ムオン・ラー上手、オット・ザウ・カウ・フアの地[149]に。
彼らにも、太鼓を献上するしきたり[150]を受け入れさせた。
ちょうどム・ハーイの日[151]に、ボ・カー[152]でパーン・チャー[153]を催し、

144　ホムの谷（*kéo Hổm*）、フンの谷（*kéo Hũn*）は、ともにソンラー市中央にあるポム・カウの背後にある村。

145　オック・パム（*Ốc Pẵm*）とアン・パムは同一人物と思われる。

146　タム・ポン（*thăm Póng*）の岩山とは、ボム・カウの丘とホムの谷、フンの谷があるホム村、フン村の間にある石灰質の山。ポム・カム側からホム村側へ洞窟が貫通している。

147　タイ・ロとはムオン・ロのタイ。ここではムオン・ロ出身の父祖とその軍勢のこと。

148　現在のフア・ラー社付近。フア・ラーの上手にはニョット村、サーン村があり、下手にはポン村がある。

149　現在でも、オット村、

祖霊を祀る日をム・フオンの日[154]とした。
頭領の一族については2日となった。
こうしてハーイ村[155]と名付けたのは父祖である。
父祖の軍はムオン・ラーを占めた。

## 14. ムオン・ムオイ食邑の失敗

それから父祖はボ・カーに沿って兵を進め、遡行した。
何日もかけて、チェー・ハウ[156]の砦を破ろうとした。
朝には、パック[157]のナイン[158]を破ろうとした。
黒岩を転げ落として[159]争うが勝負がつかない。
戦闘の甲斐なく、父祖は兵を率いてムオン・ラーに戻り、
ざらざら石のブー川を下る。
木を伐って船を造り、大軍を率いて、ダー河に沿って遡る。
チエン・ムオン[160]の頭領クン・クアン[161]征伐に行く。
太鼓がホアーン、ホアーンと空全体にこだまする。
クン・クアンは恐れをなして、軍を退かせ、
チョン高原[162]に築いた砦で父祖とぶつかる。
父祖の軍は破ることができない。
茅野原が焼き払われ[163]、父祖の軍はあたふたとムオン・ラーに逃げ戻った。
ムオイ川[164]の君主をうち損なったことは知れ渡った。

ザウ村、カウ村、フア村がある。

150　サーは平定されると銅鼓を黒タイ首領に献上するかわりに、太鼓、銅鑼の管理を委ねられた。セン・チャー儀礼の15日前に、ソン・コン儀礼という銅鼓を贈る儀礼が開催されるが、そのときサーと黒タイの戦いの様子が再現された。

151　ム・ハーイは十干に従って「丙の日」にあたる。【☞コラム25】

152　ボ・カーは、ソンラーにある有名な泉で、ハーイ村対岸付近でラー川に注ぐ。

153　パーン・チャーは、くにを祀る大祭の一つ、セン・チャー儀礼のことである。

154　ム・フオンの日は十干に従うと「辛の日」にあたる。

155　植民地期まで首領一族が住んでいた村で、現在もソンラー市内にある。

156　ソンラー省トゥアンチャウ県チエンパック社にあったサーの砦のことである。砦は、泉のほとりにあった。

157　チエン・パックのことで、トゥアンチャウ県チエンパック社にあたる。

158　ナインは、トンコー社にあるナインの泉付近のこと。

159　斜面から岩を転がり落とす仕掛けを用いて、待ち伏せ攻撃したのである。

トゥアンチャウ県チエンパック社（二〇〇二年一一月）。チエンパック社はわき水が多く、ミネラルウォーターも販売している。湧水地近くには川ノリも生えている。

戦闘に勝てず、父祖は兵を率いて盆地におり、苗床を作る。
敵のことはひとまずおいて、田を拓きに行く。
同じ頃、タイ・ノイ[165]のタウ・ターイ・チェンなる者がいた。
ナ・ノイ村[166]にいて、敵の君主のことばをよくした。
カウ・トゥ[167]には大城塁がそびえ立っている。
父祖は腰を低くしてタウ・ターイ・チェンに、拝謁の仲介を乞うた。
するとクン・ブン[168]は気をよくし、休戦して、首領の謁見を受け入れた。
敵はタイをむことして迎え入れることにした[169]。
しかし、父祖の上着の肩は依然としてムオン・ラーにあった。
父祖のオン・ポン[170]は、人々を率いて、水を区切って水路に流した。
くにを築き、村を築き、田を築いた。

160　現在のトゥアンチャウ県ムオンサイ社にあたる。
161　クン・クアンはサーの首領の名である。ムオンサイ社には今でもカダイ語系ラハの村落があるので、ラハの首領であろうか。
162　現在のトゥアンチャウ県トンコー社付近にある高原のことである。
163　クン・クアンの軍が、茅がおい茂るチョン高原に火をつけ、父祖の軍を攻撃した。
164　ムオイ川はムオン・ムオイ（トゥアンチャウ）中心部を流れている。
165　タイ・ノイという集団であろう。
166　【☞コラム 26】
167　カウ・トゥの丘【☞コラム 30】にサーの大首領アム・ポイの居城があったとされる。現在のトゥアンチャウ県人民

大きな森を切り開き、田にした。
まずチエン・カム・トン[171]が、くにの田になったよ、首領のために。
ムオイ川の義父のもとに仕え、事態はおさまった。

## 15. ムオン・ムアッ、ムオン・ムオイ食邑

父祖は兵を率いて、チエン・ゾン[172]の首領を攻め平らげようとした。
尻尾を垂らしたもののけ[173]が、丸盾をかまえている。
戦にうち勝てず、父祖は輝ける虎を取り入れに行く[174]。
ついに輝ける虎が助ける。
ついに輝ける虎が味方する。
来る日も来る日もアー[175]の砦を破らんとし、
夜中にチエン・ゾンを破る。
サーは、トゥ・ブック[176]ということばを話す。
サーは、トゥ・バット[177]ということばを話す。
ちりぢりになって森に身を隠し、逃奔する。
こうして父祖が平らげ、彼らはプアッ[178]として伺候する。
ムアッのくにを得て、父祖はタイ・ノイのクン・ザーンに守備を命じる。
ウルシの木を伐り、根絶やしにしたよ、父祖は。
くにを攻め、首領を殺したよ、父祖は[179]。
吉時に父祖は兵を率いて、アーの砦を破った[130]。
夜中にチエン・トム[181]を破った。

委員会の裏手に位置する。

168　黒タイの人々がアム・ポイと呼んでいるサー首領に対して、サーの人々はクン・ブンと呼んでいる［Đặng (chủ biên) 1977: 185］。

169　ラン・チュオンはクン・ブンの娘と結婚したのである。

170　オン・ポンは行政役職の一つである。【☞コラム27】

171　ソンラー市街地中心部で、国道6号線がディエンビエンフー方向に右折している交差点付近。近くにラック村がある。

172　チエン・ゾンは、ムオン・ムアッ（マイソン）のかつての中心地。【☞コラム29】

173　ムオン・ムアッを支配していた敵のこと。

174　「輝ける虎を取り入れる」とは、ムオン・ロに戻り、戦勝祈願のために大祭礼を開催したことを意味する。

175　アーの丘（*pom Å*）に築かれた敵の砦である。「アーの丘」は、ムオン・ムアッにもあるが、カム・チョンによると、ここでの「アーの丘」は、ムオン・ムオイのチエン・パックにある丘のことであり、何度攻略を試みても陥落しないので、ムオン・ムアッを先に攻略するのである。

176　トゥ・ブックとは、サー

チエン・トムを破ると、5担ぎ分の穂摘み具を得た。
チエン・テップ[182]を破ると、5担ぎ分の財を得た。
槍を池の中に突き刺すことが出来た[183]。
村で銅製の装身具を得た。
チャーン・ハーイ[184]の馬を得た。
勇将[185]の水牛を得た。
四肢の黒い白馬を得た[186]。
ムアッの首領クン・カムを平伏させた。
ムオイの首領クン・ブン・アム・ポイを平伏させた[187]。
モ・ゲーにズアの礼帽を被らせた[188]。
ゾウを得たが、父祖はそれには手をつけない[189]。
きちんとダー河、紅河の方にも捧げる[190]。

## 16. ムオン・エッ、ムオン・クアイ、ムオン・フアッ食邑

父祖は2つのタイン[191]を破って、首領になることを決めた。
2つのタインを平らげて、くにを作ることに。
ムオン・ムオイは、タイ・ノイ首領クン・ズオンに食邑させた。
毎日毎日、彼は敵のことばをしゃべった。
チエン・パックは、チャー・フオン職[192]にあったタイ・ノイのナーイ・アックに食邑させた。
ナ・ノイ村は、タイ・ノイのタウ・ターイ・チェンに引き続き治めさせた。

のことばと思われるが意味不明。現在でも、マイソン県チエンケオ社にトゥ・ブック村がある。

177　トゥ・バットも、サーのことばと思われるが意味不明。現在でも、マイソン県チエンケオ社にトゥ・バット村がある。

178　【☞コラム 28】

179　この2行は、以下の慣用句を踏まえている。「木を伐り根絶やしにする。くにがぶつかり、首領を殺す（*pẳm mạy hư xin to, tõ mưỡng khả lụk tạo*）」。戦に勝って敵将を殺すことを意味している。

180　チエン・パックにあるアーの丘の砦をついに攻略したのである。アム・ポイを倒せず、アム・ポイに入りむこして和平を誓ったラン・チュオンは、ムオン・ムアッを先に攻略し、ムオン・チャイン、サイン・パーイを先に陥落させてチエン・パックに迫り、ムオン・ムオイのアム・ポイを倒そうとたくらんだ。

181　チエン・トムは、国道6号線のトゥアンチャウ県トンライン社タム村とトム村。

182　チエン・テップはチエン・トムに同じ。

183　これがどういう脈絡で、どのようになされたのかは不明であるが、地域を平定したことをシンボリックに

トゥアンチャウ県ムオンエ社（二〇〇六年五月）

それから父祖は、岩山をザクザク歩いて上っていく[193]。
兵隊たちは、盾をかまえたままつき従う。
くねくねの坂道を歩くが、疲れない。
頂を見上げたまま登っていくが、くたびれない。
上着の肩をエッ・オンに下ろした[194]。
小さな女性の腕を手に入れたかったがなあ。
貴族の若者たちが手にしている、装飾の細かい金や銀の鎖を得たかったがなあ[195]。
エッ・オンは広いといわれても、父祖曰く、広くない。
エッ・オンにはパー・ブン・キエンの池[196]があり、シカが鳴く。
チャーン池[197]付近には田んぼがある、といわれても、
父祖曰く、田んぼはない。
まるまる太った水牛を連れてきて、父祖に両足を縛ってひき倒すよう求めたが、父祖は縛ら

示す儀礼的行為であろう。
184　チエン・テップを統べる首領の名である。
185　チャーン・ハーイのことである。
186 「四肢の黒い白馬」とは、チエン・トムの土地の精霊のことを示す。父祖がチエン・トムの支配者となったことを意味している。
187　ムオン・ムオイを占めていたクン・ブン・アム・ポイを倒すまでの話はここでは省略されている。【☞コラム 30】
188　ここにある礼帽（*muák duạ*）とは、宗教役職者が儀礼執行時に被る赤地の長い帽子のことを示す。モやゲーという宗教役職者が、規範と慣習を定めたことを意味している。
189　戦利品をラン・チュオンが独占しなかったことを意

トゥアンザオ県チエンシン社（一九九七年一〇月）

味している。

190　ダー河、紅河の方とはムオン・ロのことであろう。戦利品を故郷の親や兄弟にも献上したのである。

191　【☞コラム 31】

192　【☞コラム 27】

193　現在のソンラー省とディエンビエン省の境にあるファディン峠に向かう道であろう。

194　エッ・オンはムオン・エッのことで、現トゥアンチャウ県ムオンエ社にあたる。ムオン・エッに魂を落ち着かせようかと考えたのである。

195　当初、ラン・チュオンはムオン・エッの女性と結婚し、土地の財を手にして、ムオン・エッの首領として落ち着こうかと思ったが、やはりくにが小さいのでやめた。

196　パー・ブン・キエンの池は現在でもムオン・エッにある。

197　チャーンの池（ゾウ池）は現在でもムオン・エッにある。

ない[198]。
土地の人はちゃんとわかっている。帰順し、若者たちは仕えればいいのだよ、父祖に[199]。
父祖は歩いて、田の脇のカウ・ハーンの山を上る。
盆地の脇からカウ・カー、カウ・ハーンの山[200]を上る。
父祖の兵はやっとフアッ、クアイに下りてくる[201]。
ムオン・フアッを父祖はたやすく手に入れる。
ムオン・クアイを父祖は易々と手に入れる。
ムオン・フアッはチュア・ザーイ[202]に食邑させ、
ムオン・クアイはポン・チュア[203]に食邑させる。

## 17. ルオン・クンによる急襲

水底のミズチ、ルオン・クンが呼べば陸にやってくる[204]。
敵は逃げ失せても、ルオン・クンが呼べば姿を見せる。
父祖はタウ・ハーン・チャーに討たせる。
ポ・ナーンに戦わせる。
父祖はタウ・ハーン・チャーに討たせる。
ポ・ナーンに戦わせる。
カウ・ハーンで衝突する。
カウ・トーの山で斬り合う。
戦闘したが勝てず、父祖は輝ける虎を得に行く[205]。
こうして輝ける虎が助ける。
戦闘したが勝てず、父祖は輝ける虎を得に行く。
こうして輝ける虎が味方する。

198　くに祭りを開催するために、水牛の四肢を縛って引き倒して殺すのである。ムオン・エッでくに祭りを開催し、ラン・チュオンにムオン・エッに落ち着いてもらおうとしたが、ラン・チュオンがこの土地に満足しなかったのである。

199　ムオン・エッの若者たちが、ラン・チュオンの兵として従軍した。

200　カウ・カー、カウ・ハーンは、いずれもムオン・エッとトゥアンザオ県クアイトー社の間にある山。

201　ムオン・フアッはトゥアンザオ県チエンシン社（xã Chiềng Sinh）。ムオン・クアイはトゥアンザオ県中心部。ある『クアム・トー・ムオン』の写本では、ムオン・クアイの家を「十字で丸い千木が、屋根を保護している（*khau cút khau côm mùng chụ*）」と形容していることから、この地域にはタイ・ノイが先住していたのではと、カム・チョンは推測している。

202　チュア・ザーイ（*Chua Dãi*）が、タイ・ノイ出身の将軍か、ラン・チュオンにムオン・ロから従ってきた将軍か不明である。

203　ポン・チュア（*pọng Chua*）は、オン・ポン職のチュアという人物であろう。

ニワトリを失血死させる（一九九七年一一月、トゥアンザオ）

戦闘したが勝てず、父祖は占い[206]により、ティンの道、コンの道[207]を選ぶ。
おどろおどろしい大太鼓の音、剣呑な道。
父祖は木を伐って、短く低い筏で下る。
短く低い筏で下るよ、父祖は。
ルオン・クンは水行する。
アーイ・ザー・ガムは陸を行く[208]。
道行けば、木や竹の柄が鉤のように、引っかかってからめとられる[209]。
朝には子分たちのために哭し、父祖の傷心やるかたない[210]。
木や竹の柄[211]を担いで泣くのは、兄弟のため。

## 18. マー川沿いの行軍

父祖はギム川、ガム川[212]に沿って下る。
下りれば、プオンの官吏がいる麻の菜園[213]。

204　カム・チョンによると、『クアム・トー・ムオン』のある写本は、ムオン・フアッ、ムオン・クアイを戦わずに平定したラン・チュオンは、セン・チャーの大祭を催した。そのとき、サーの首領ルオン・クンがムオン・エッ側から背後を突いて急襲したと記しているという。ミズチの出現は凶兆であり、ここではルオン・クンの襲撃を意味している。

205　具体的にはムオン・ロに戻り、戦勝を祈願して大きな祭礼を執行したことを意味している。

206　*xái cáy* は占うことである。ニワトリ（*cáy*）の語を含んでいるのは、占いを行う際かならずニワトリが供犠され、ニワトリの足で吉凶を占うからであろう。

207　ムオン・ティン、ムオン・

野辺送り（一九九七年一〇月、トゥアンザオ）

コンなど、現トゥアンチャウ県ムオンラム社付近にあたる。マー川支流の険しい沢である。

208　将軍アーイ・ザー・ガムは筏で水行してルオン・クンに追撃されたので、今度は陸を行く。

209　ここでの「木や竹の柄」とは、主に武器の柄のことであろう。陸には原生林が生い茂り、樹木や蔓が武器や身につけたものに絡みつき、行軍は困難を極める。

210　戦死者を悼み、父祖が慟哭するのである。

211　ここでの「木や竹の柄」とは、戦死者の棺桶を担ぐための輿の柄であろう。

212　ギム川、ガム川は、ラオスフアパン県を流れるマー川支流の川の名か。

213　ムオン・プオンは、ラオスのシエンクアン付近

出会うのは、サー・クー・カー・チャー、ガー、ゲーなる人々[214]。
チェー・ムオン[215]に至って盾の舞[216]。
こうして父祖はムオン・プオンを破って、祖霊を祀る祭礼を行った。
槍の柄を折って分け合った[217]。
分け合うと、小さくなってしまった。
一人一人が得たのは米粒だけであったが、仕方がない[218]。
老将二人が互いに腕をとりあい、
盾の取っ手をつかみあって、田の中でビュンビュン回る。
勇者は兵を挙げる[219]。
サー・チーは同じロの子孫[220]。
ピョウ[221]をかぶれば、ピョウはひらひら。
火箸をかちかち合わせれば、両端はぴったり[222]。
勇敢な老将を絡め取ろうとして、やむことない[223]。
父祖は田の上手にあるチーの村[224]に至る。

水牛の鼻輪（二〇〇六年九月、ホアビン省ムオンビー）

にある地名か、フアパン県のマー川沿いのムアンエット付近のことか不明。

214　それぞれ現在のどの民族にあたるか不明。

215　チェー・ムオン（*chè mường*）とは、「くにの砦」のことであるが、ここではムオン・プオンにある地名と思われる。

216　カム・チョンによると、盾の舞（*xẽ pẽn*）とは、クジャクの羽を挿した棒をもった舞いであったという。ムオン・プオンまで逃れてきて、一息ついて宴会を開き、クジャク舞いを舞ったのである。

217　カム・チョンが、ムオン・ムオイのモ・ムオンであったルオン・ヴァン・イエウから、かつて聞いた話では、かつて戦勝後に敵将を討ちとった槍の柄を折り、味方の軍勢で分け合う習慣があったという。こうして、敵将の強力な力を自らも得ることができると信じられていたからである。

218　ラン・チュオンの軍勢が多くて、戦勝後の米の分け前が少ししかなかった。

219　ここでの勇者とは、ラン・チュオンのことである。

220　サー・チーに関しては、【☞注 123】。同じロの子孫とは、同じくムオン・ロを故地とすることを意味する。ヒョウタンからあらわれたという伝承を黒タイもサー・チーももつ。サー・チーが降伏して、両者が手を結んだのである。

221　ピョウは黒タイの伝統的な頭衣。【☞コラム 32】

222　黒タイが囲炉裏で用いる竹の火箸（*khíp*）は、大きなピンセット型である。手元が１つで、先が２つに分岐している形状のように、もともと同族であった黒タイとサーが戦う理由はない、と両者の和解を示している。

223　サーの軍勢が繰り返し、ラン・チュオンの軍を襲撃した。

224　サー・チーの村のことである。敵対するルオン・クンの軍勢が、そこを拠点としているため、襲撃するのである。

囲炉裏（一九九五年八月、トゥアンチャウ）。竹ひごなどで括って火棚からぶら下げているのを、自在鉤よりよく見かける。

ルオン・クンの稲束が植え付けられている。
ルオン・クンの子分を、起き上がらせ、跪かせる[225]。
太鼓をゴロゴロ、カンカン、叩かせた。
馬[226]が高山の頂でゴロゴロ太鼓を鳴らしている連中を殺したという。
征圧し、果実の園を手に入れた[227]。
槍の部隊を率いて、ラオの各地の城[228]に進む。
田は白く干上がっていたので[229]、父祖は食邑しなかった。
小さい田を鎮圧したが、父祖は食邑しなかった。
父祖は熟した赤い果実の菜園を食邑したがった[230]。
しかし、ファッ・モンは木に登るが、先まで至らない[231]。
はねて出たナマズが洲にはひしめき、ギーギー悲鳴を上げている。
ロの長を恐れおののき、奴らは逃げる[232]。
木なら伐って、その先をルオン・クンに突きつけてやりたい。

225　起立と跪拝を繰り返しお辞儀すること。つまり、ラン・チュオンに降伏したのである。

226　ここでは、兵馬にまたがったラン・チュオンのことであろう。

227　くにを陥落させ、人、物、土地を手に入れた。

228　ラオの諸城（*viềng Lão*）は、ラオが支配する各くにのことで、とくにムアンエット、ムオン・サム（*Mường Xẫm*）、ムオン・ソン（*Mường Xòn*）、ムオン・プオン、ムオン・カウ（*Mường Cau*）、ムオン・ポー（*Mường Pở*）など、フアパン県を中心とするベトナム西北部に比較的近い地域と思われる。

229　水が少なく水田を作る条件が悪かったのである。

230　豊かなくにをラン・チュ

水牛なら殺して、その鼻輪をルオン・クンに突きつけてやりたい。
鉤[233]なら、吊す紐をつかんで、ルオン・クンに突きつけてやりたい。
火箸でつまむなら、つまんで、ルオン・クンに突きつけてやりたい 。
弩を引くなら、矢道の溝をルオン・クンに突きつけてやりたい[234]。
ルオン・クンは、思い苦しく、心穏やかなはずがない。
気息奄々としていることだろう[235]。
銀箔の銅鑼には目もくれず、帰順しにこない[236]。
大銅鑼を吊す棒は納めていないのだから[237]。
子弟らの意見では、まだ足りない。
そこらじゅうにニワトリの毛が刺さり、散らかっている[238]。
父祖はオン・ポン[239]に命じて船を作らせた。
船を作り、十万の兵、千の兵を漕ぎ手にする。
父祖はギン川、ゴイ川[240]の瀬を水行して下る。
舟、筏は岩に座礁し、忸怩たる思い[241]。
チャイの木[242]にひっかかり、憤懣やるかたなく[243]、やるせない。
長たる者が、筵や茣蓙に腰を下ろすこともできない[244]。
ただ手をこまねいているだけは苦しい。
打つ手もないままでいるのはやりきれない。
首領一族が、筵や茣蓙に座ることもできない。
まだ筵や茣蓙にさえ座っていない。
何もせず、ただじっとしていられるわけでもない。

オンは求めたのである。

231　ファッ・モン（*phạk mồn*）は、ラオの君主に仕える役職名である。ラン・チュオンはラオに服属していたのであろうか、ここではラン・チュオンのこと。ラン・チュオンの長征がまだ終わったわけでないことを意味している。

232　ラン・チュオンの軍勢に押されて、サーの軍隊が退散することを意味する。

233　紐の先に鉤をつけ、ものを吊せるようにしたものをテオ・コン（*teo cọng*）と呼ぶ。その鉤の部分をコン・ソー（*cọng xõ*）、紐の部分をラン（*lẳng*）と呼ぶ。火棚から肉などを吊したり、衣服を吊したり、儀礼のときには豚肉や水牛の肉を吊したり、諸用途に用いる。

234　ここまでの5行は、ルオン・クンに対する復讐心の強さを示している。

235　ここまでの2行は、ラン・チュオンが怨恨を込めてルオン・クンに対して黒魔術の儀礼を行ったため、呪いでルオン・クンがさいなまれているだろうという意味である。

236　銀箔の銅鑼（*cọn ngỗn chĩnh*）とは、瘤の部分に銀箔を施した銅鑼のことで、くにの祭礼で用いられる。ここでは、ラン・チュオンの比喩である。ルオン・クンが帰順できるのは、馬[245]のように藪の中をどこまでも進むこと。
馬は道中、森で寝る。
馬は挙兵するがどうすることもできない。
なすすべもなく、馬は悲しむ。
馬は足を傷つけ、柵がめぐらされた砦までたどりつけない。
白銀の銅鑼[246]は、砦までたどり着けない。
大銅鑼は、ラオのもののけ[247]のところまでたどりつけない。
ラオのもののけどもが挑発する。
ラオの馬と結んで、大軍になる[248]。

## 19. ルオン・クンの死

抜きつ抜かれつしながら、盆地を閲兵行進する。
くにを求める父祖は、豚と犬を小屋に監禁しない[249]。
小屋がバラバラの木片になってしまわないように[250]。
くにを求める父祖は、ケーとバーを[251]池には入れない。
そいつらが赤い田の鯉を追いつめてしまわないように[252]。
くにを求める父祖は、コウゾを鐙にはしない。
そいつがぶつかって、金の鞍を傷つけたらたいへんだから。
父祖はタウ・ハーン・カオ[253]に戦を命じる。
ポー・ナーン[254]に兵を挙げさせる。
カウ・サーン[255]で戦闘し、

していないことを意味している。

237　銅鑼は太い棒から吊し、叩いて音を奏でる。ラン・チュオンにまだルオン・クンは仕えていない。

238　どう進むべきか占うのにたくさんニワトリを殺したため、ひきむしられた毛が、そこら中に散らばっている。

239　オン・ポン・オン・ケン（*ông pọng ông kèn*）と記されているが、オン・ポンは役職名である。

240　ギン川、ゴイ川が、どこにあるか不明。同じ川かもしれない。ラオス側に位置するのであろう。

241　道が険しく進めなくて苦しんで泣くのである。

242　チャイの木（*co chạy*［*co chon*］と、ソムの木（*co xỗm*）は、水辺に生える木として知られ、ソンラーのラー川沿いにたくさん生えている。

243　占いで神意を聞いて最善の道を選んだはずなのに、艱難極めたので、憤懣やるかたないのである。

244　戦いに明け暮れ、ゆっくり腰を落ち着けることが出来ないのである。

245　ここでの馬は、ラン・チュオンのことである。

246　白銀の銅鑼（*cọn ngỡn khao*）は、既出の「銀箔の銅鑼」と同じく、くに祭り

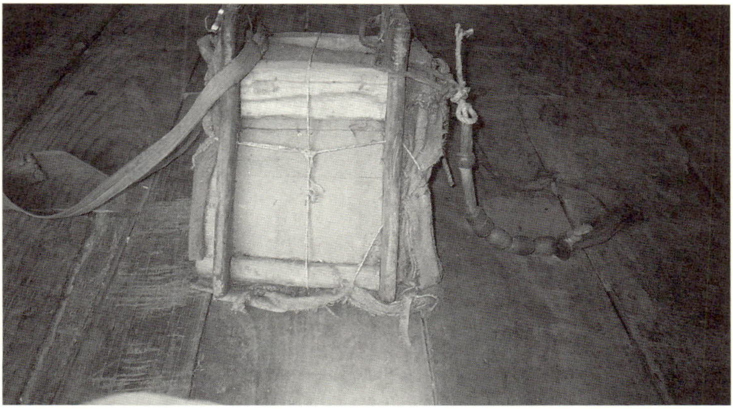

馬の鞍（一九九九年九月、トゥアンザオ）。馬はほとんど、荷物運搬用である。農耕にも用いられない。

で用いられる大きな銅鑼のことである。ここでは、ラン・チュオンのことである。
247　ラオのことであるが、まつろわない者なので、もののけと呼んでいる。
248　ラオは強力なので、戦うのをやめ、和平して手を結んだのである。
249　ここでの豚と犬はルオン・クンのことで、ルオン・クンは入牢させないと述べている。その理由が以下で示される。
250　黒タイの戦では、まつろわぬ者は殺すが、平伏した者は解放し仕えさせるのが習わしであった。しかし、ルオン・クンは捕らえて屈服したかに見えても、きっと牢をこわして出て、また勢力を盛り返して反抗するだろうから、父祖はルオン・クンを捕らえたら、すぐに首をはねてしまうつもりでいる。
251　ケー（*pa khẻ*）はナマズ目シソル上科シソル科に属する魚。【☞コラム 33】バー（*pa bá*）はベトナム語名 **cá ảnh vũ**。ともに魚の名前である。バーは、かつてヴィエトチ特産として有名であった清流を好む 30 センチくらいのコイ科の魚で、繁殖期に群れをなしてダー河をライチャウまでさかのぼるのを網でとった。
252　ここでの赤い田の鯉とは黒タイのことである。
253　タウ・ハーン・カオ（*Thảu Han Cao*）は、将軍の名。
254　ポー・ナーン（*Pỏ Nàn*）は将軍の名。
255　カウ・サーンはラオスにあると思われる山の名。

タ・チョン（二〇〇七年二月、トゥアンチャウ県ムオンサイ社）

軍はナ・ハーイ[256]の盆地でこてんぱんにやられた。
それからルオン・クンは落馬し、鞍を残した馬は御する主を失った。
なぜなら、2つのタインの長が従わなかったから[257]。
同族の盆地の主[258]は助けなかったから。
ドイ村[259]の主が支えなかったから。
木を伐っても、根絶やしにはしなかった[260]。
タン・ロ[261]が止まり木で卵を産めるように[262]。
くにを求める父祖は、タ・チョン高原[263]の主を殺さず、主は逃げた[264]。

## 20. ムオン・タインへの入植

いつもいつも神意を聞いて、決めてきた。
神意に従ったところ、役立たずの神だったこともあれば、

256　ナ・ハーイもラオスにあると思われる地名。
257　ムオン・タインの盆地の首領たちはルオン・クンに従わず、ルオン・クンは討ち死にした。
258　「同族の盆地の主（*xứa tồng chựa*）」との表現から、ムオン・タインに先住していたのはタイ・ノイであり、その首領たちがルオン・クンに従わなかったのだろうと、カム・チョンは推測する。
259　ドイ村は、ディエンビエンフー市街近郊のヒン・ダム（*Hin Đăm*）という丘近くにある、首領がいた村の名前である。
260　「木を伐り根絶やしにする。くにがぶつかり、首領を殺す」という前出の慣用句【☞注179】を踏まえている。
261　タン・ロ（*nộc tắng lõ*）

ちっぽけな神に従ってみたら、福の神だとわかったこともある。
ラオの銀30ビア[265]を費やした[266]。
ラオの70ビアは10万にもあたる[267]。
しろがねの毛をむしり[268]、フンフン、ヒンヒン唱えては探り出す。
ぶつぶつ唱えるのは、ご託宣をうかがう声。
ドイ村もまた、タウ・クアン・クオン[269]の子が食邑した。
萱野を刈ったのは、新開地があったから。
ドン村、ダイン村[270]は、モ・タン[271]が来て食邑した。
右手のトン・クエン[272]を田にしてくれる人をさがしたが見つからなかったから。
左手のトン・クエン[273]を田んぼにしてくれる人をさがしたが見つからなかったから。
ムオン・ソ[274]、ムオン・ラ[275]には、平民ばかり。
ムオン・ライの子は、首領ばかり。
招き入れると、あちらこちらで、よめ入りが相次ぐ[276]。
ゾウの歯を叩いたら[277]、申し分のない女性をさがして住ませる。
ゾウの牙を叩いたら[278]、よくできた女性をさがして住ませる。
土地を平らにならして、ムオン・プック[279]やムオン・ロの女性に住んでもらう。
やってきたら、くにの田の米を食べる。
やってきたら、貴族たちの米を食べる[280]。
末っ子の馬[281]は、大きな家を構えることができた。
役についた者は参内して、執務する。

は鳥の名前である【☞コラム44】。ここではルオン・クンのことを指している。

262　木を根こそぎ伐ってしまえば、鳥は止まって巣作りできない。次の行で、その意味が述べられる。

263　タ・チョン高原は、既出のチョン高原と同じ【☞注162】。タ・チョンは、ムオン・サイのダー河沿いの渡しがあるところ。

264　チョン高原でルオン・クンが敗れた既出の記事を述べている。【☞コラム34】

265　銀の単位については【☞コラム35】。

266　以下の2行は、これまで占いやそれに伴う儀礼などの神頼みに巨額の投資がなされたことを示す。

267　この10万の単位については示されていない。

268　呪術師が占うときのある所作を、しろがねの霊毛をむしると形容している。

269　現地のタイ・ノイの将軍と思われる。

270　ドン村（*bản Đóng*）、ダイン村（*bản Đánh*）ともに、既出のドイ村と同様、ディエンビエン市街近郊のヒン・ダム付近にある村。

271　モ職のタンである。

272　トン・クエン（*Tồng Quẽn*）は平野の地名。

273　トン・クエン（*Tồng*

小さい持ち場には、少ない人数で仕え、
大きい持ち場には、たくさんの人が参加する。
くにの田[282]は、くにの平民が寄って拓くもの、
天下の大仕事に、ターイの平民が群れ参じた。
征戦を繰り広げた父祖は、ついに魚を食べ、
父祖は田を作って、ついに米を食べた。
首領となって、ついに悠然と長寿を楽しんだ。

## 21. 後継者クン・ペーの夭折

夜寝て、こうして銀と金がはつらつとして水になった。
パッチワークの布もようやく生気満ちる枕となった[283]。
首領は妻と寝て子を得た。
こうして、父祖シップ・プン・クン・ペーを得た[284]。
ペーはシカの肝を食べて育った。
ペーは赤い田の鯉の生ラープを食べて大きくなった。
窓辺で祀ってもらえる[285]くらい成長すると 、父祖がかわった[286]。
座っても母の背丈におよぶくらいになると、父祖はよめをもらった。
蚊帳、布団の中に父祖が入る。
妻を招き入れると、父祖は寝る。
首領は同衾して父祖シップ・プン・クン・ムンを得る[287]。

*Quen*）は平野の地名。上のトン・クエンとは区別される。
274　現在のライチャウ省タムドゥオン（フォントー）にあたる。
275　現在の中国雲南省金平にあたる。
276　ムオン・タインも平和になったが、未開拓地がたくさんある。ムオン・ソやムオン・ライから人を招き入れて、くに作りを促した。
277 「ゾウの歯を叩く（*bắc khẻo chạng*）」とは、大きなくにを手に入れたこと。
278 「ゾウの牙を叩く（*bắc khẻo nguỗng khẻo ngã*）」も「ゾウの歯を叩く」と同じ。
279　ムオン・プックはムオン・ロより東、現イエンバイ省ヴァンチャン県トゥオンバンラー社付近の盆地で、現在その地域のタイ系住民は、ターイ（黒タイ）ではなくタイーに公定分類されている。
280　かつて黒タイの間では、土地はすべて首領に帰属し、役職者が田を分配するのであり、私田はなかったとされる。
281　ラン・チュオンのこと。
282　平民以下の階層の者たちに割り振られる田地。
283　子作りしたという意味。【☞注 93・95】
284　カム・チョンは、ムオン・ムオイの最後のモ・ムオ

しかし、駿馬が水牛の先を行くように、
息子が父に先立った[288]。
葦の若芽が茎になる前に折れた。
アヒルの雛が老いたアヒルより先に死んでしまう。
老いたアヒルはまだ池でグワグワいっている。
父祖クン・ペーは父祖ラン・チュオンより先に死んでしまう。
父祖ラン・チュオンは悄然として、悲しむばかり。
心の底からいたみ悲しむ。
嘆きに嘆き、頭を垂れて水を飲むのも胸がつまる。
嘆きに嘆き、再び首領になる[289]。

## 22. クン・ムンの成長と継承

父祖ラン・チュオンは父祖クン・ムンを養い、大きくする。
窓辺で祀ってもらえるくらい成長すると 、父祖がかわった[290]。
座っても母の背丈におよぶくらいになると、父祖はよめをもらった。
蚊帳、布団の中に父祖が入る。
妻を招き入れると、父祖は寝る。
首領は同衾して子どもを得る。
こうして得た子が父祖タオ・パーン・チャーン・フア[291]。
首領は妻をとっかえひっかえする。
打ちたての鉄の剣[292]のような息子が4，5人。
上から下まであわせて、男の子と女の子が6，7人。

ンであったモ・イエウから次のように聞いたという。「ラン・チュオンは20歳でムオン・ロを発ち、42歳でようやくムオン・タインにたどり着き、妻を得たと伝えられている」と。最初に得た息子が、シップ・プン・クン・ペー（*Xíp Pũn Khun Pè*）［クン・ペー］であった。

285　貴族出自の者たちは、窓辺に祖霊のためにお供えをして祖霊を祀る習慣があった。クン・ペーも、亡くなったあとに祖霊として祀られる成人に達した。

286　父祖クン・ペーがラン・チュオンから首領の地位を受けた。

287　シップ・プン・クン・ムン（*Xíp Pũn Khun Mứn*）［クン・ムン］はクン・ペーの子。

288　夭折して父より先になくなることを意味する慣用句で、クン・ペーの夭折を示す。

289　ラン・チュオンが再び首領になった。

290　クン・ムンが首領の地位を継承した。

291　タオ・パーン・チャーン・フア（*Tạo Pạn Chàng Phưa*）。クン・ムンがサイ・チャーンを生み、サイ・チャーンがタオ・パーンを生むことが後述されるが、『クアム・トー・ムオン』でも、通常、クン・ムンの息子がタオ・パー

どのくにも挑んでこなかった。

## 23. ラン・チュオン崩御

父祖ラン・チュオンのために、みんな泣く。泣かぬ者はない。
父祖ラン・チュオンは行き行きて、そして尽きた[293]。
金銀はすっかりはずれてしまった[294]。
オスメスの水牛もすっかりそろった[295]。
黄や赤の幟[296]が立って、空が覆われる。
パッチワークの幟[297]が立ちのぼり、天を覆う。
幟の根っこには水牛の角、
幟の根の端にはゾウの牙が、
幟の根の横には太鼓が吊されたよ。

## 24. クン・ムンによる継承と死

父祖ラン・チュオンは崩じ、父祖クン・ムンが御代を嗣ぐ。
逝去すれば、クン・ムンがその名声を嗣ぐ。
こうしてクン・ムンは父祖サイ・チャーン[298]を養い、大きくする。
サイ・チャーンを養って成長させる。
窓辺で祀ってもらえるくらい成長すると 、父祖がかわった。
座っても母の背丈におよぶくらいになると、父祖

ン、タオ・パーンの息子がサイ・チャーンと記されている。この写本で、タオ・パーンがサイ・チャーンの息子として再び登場する。なお、タオ・パーンは *Tạo Pãn* と発音されることも多いが、本書では、カム・チョンがムオン・ムオイのモ・ムオンであったルオン・ヴァン・イエウから習った声調に従って翻字した。

292　男子を意味する形容。

293　ラン・チュオンが死んだ。

294　首領が亡くなり、やるせない気持を表現している。

295　供犠される水牛もそろい、葬式の準備が整った。

296　男性が亡くなった時に御霊屋の前に立てる、コ・チャオ・ファ（*co chao phạ*）の幟のことである。【☞コラム 36】

297　御霊屋に立てられるコ・ヘオ（*co hèo*）の幟から下がっている布がパッチワークで装飾されていることを意味している。

298　サイ・チャーン（*Xay Chạng*）は、「ゾウを倒す」という意味の名前。「ゾウの卵（*Xáy Chạng*）」と発音されることがあるが、意味からも首領の名前としても奇妙である。

寝所の様子（一九九九年二月、トゥアンザオ）。色鮮やかな織り柄の入った敷き布団、シーツ、掛け布団、枕を用い、上からは蚊帳を吊る。

はよめをもらった。
蚊帳、布団の中に父祖が入る。
妻を招き入れると、父祖は寝る。
首領は同衾して子どもを得る。
こうして得た子が父祖タオ・パーン[299]という大君。
父祖クン・ムンのために、みんな泣く。泣かぬ者はない。
父祖クン・ムンは行き行きて、そして尽きた。

## 25. 首領サイ・チャーンの御代

崩じれば、父祖サイ・チャーンが御代を嗣ぐ。
逝去すれば、父祖サイ・チャーンがその名声を嗣ぐ。
こうして父祖サイ・チャーンは父祖タオ・パーンを養い、大きくする。
父祖タオ・パーンを養って成長させる。
窓辺で祀ってもらえるくらい成長すると 、父祖

299 【☞注 291】

家の傍らで栽培されているウコン（一九九九年九月、トゥアンザオ）

がかわった。
座っても母の背丈におよぶくらいになると、父祖はよめをもらった。
蚊帳、布団の中に父祖が入る。
妻を招き入れると、父祖は寝る。
首領は同衾して子どもを得る。
こうして得た子が父祖ウオン・ルオン・ラーイ・ファン、
父祖タオ・カーン・チュー・ナーン[300]。
こうして得た子がマーン・カム・ケップ・ラーイ・アム[301]、
父祖タオ・カムは大君[302]。
打ちたての鉄の剣のような息子が４，５人。
上から下まであわせて、男の子と女の子が６，７人。
父祖タオ・パーンのために、みんな泣く。泣かぬ者はない。
父祖タオ・パーンは行き行きて、そして尽きた。

300　ウオン・ルオン・ラーイ・ファン・タオ・カーン・チュー・ナーン（*Uôn Luỗng Lãi Phán Tạo Càn Chù Năng*）で一つの名。通称タオ・カーン。ウオン・ルオン・ラーイ・ファンは「縞のある飛竜を導く」の意味である。

301　マーン・カム・ケップ・アーイ・ラム・タオ・カム（*Màn Khắm Khép Lãi Ăm Tạo Cẳm*）で一つの名であろう。通称タオ・カム。マーン・カム・ケップ・アーイ・ラムは縞と花の刺繍図柄（*ăm*）とパッチワークで装飾されたカーテンの意味。

302 タオ・カーンとタオ・カムは兄弟である。

303　ウコンから毒を作ると記されているが、植物の根茎から毒を作るらしい。

崩じれば、父祖タオ・カーンが御代を嗣ぐ。
逝去すれば、父祖タオ・カーンがその名声を嗣ぐ。
どのくにも挑んでこなかった。
争いが起こり、根茎[303]をとかして薬にする。
争いが起こり、酒に薬を混ぜる[304]。
父祖サイ・チャーンのために、みんな泣く。泣かぬ者はない。
父祖サイ・チャーンは行き行きて、そして尽きた。

## 26. サイ・チャーン没後の後継者争い

崩じれば、タオ・カーンとタオ・カムの二公が代を嗣ぐ。
逝去すれば、タオ・カーンとタオ・カムという叔父と甥の二公がその名を嗣ぐ[305]。
どのくにも挑んでこなかった。
争いが起こり、槍を突き合い、群衆入り乱れる。
入り乱れたまま、下って林に至る。
雌カワウソとツチガエルが、ポンやクエンの職について、いがみ合うみたい[306]。
小邑は、田の主をじっと待っている[307]。
こうしてカーンとカムは、ゾウの歯を叩いて虎に捧げ[308]、田子作たち[309]も寄ってきて食べた。
ゾウの牙を叩いて虎に捧げ、田子作たちも寄ってきて食べた。
田子作たちはそそのかしに耳を貸し、
無知蒙昧な田子作たちは、話を聞いた。
杖をつく者が来て[310]、「くにの柱」をけなす[311]。

304　タオ・パーンの死後、後継者争いが起きた。詳細は次に記される。

305　タオ・カーンとタオ・カムは兄弟である。一方、『クアム・トー・ムオン』の記述に基づくと、タオ・カーンの息子タオ・チエウとタオ・カムの間で後継者争いが起こる【☞コラム 37】。その意味で叔父と甥といっているのであろうか。

306　ポンは長老会のオン・ポン職であり、クエン (*quẽn*) はここではタオ・クエン (*tạo quẽn*)、すなわち僻地の小邑の長である【☞コラム 38】。雌のカワウソ (*uôn nạk*) と脚の黄色いツチガエルが争うとは、カム・チョンによると、カワウソにカエルが対抗してもすぐに食べられてしまうように、力の差が大きい者同士が争うことだという。しかし、ここでは、仲間割れしていがみ合うことと解釈した方がよさそうである。

307　小邑（クエン）の長がいない。

308　慣用句「ゾウの歯を叩いて虎に捧げる (*bắc khẻo chạng ha nhì*)」とは、戦争すること。

309　ここでのクアン・ナー (*quan nã*) は村長の意味ではなく、平民一般のこと。

310　杖をつく者とは役職者

リス（二〇〇五年六月、フーイエン）

長刀の鞘が来て、ブルンブルン回る。
長刀が抜かれて、白刃がギラギラ光る。
竜が起きあがり、天に昇る[312]。
父君アップ[313]を殺すと吹聴する。
こうして雌カワウソを追って殺し池に落とす。
お守り袋[314]も捨ててしまい、身から離す。
ツチガエルを追って、水に落とす。
盾も槍も捨ててしまい、身から離す。
家をなす四本柱は、先で斬られ、平らに削られてしまう[315]。
牛も水牛もやってきては、肉を断たれて塩をすり込まれる[316]。
上タイン[317]では、たてつづけに祭礼が催され、浮かれている。
宴ばかりで、ムオン・タインはやせ細ったリスの尻尾みたい。
くにの端まで、やせ細ったシカの尻尾みたい[318]。
くにのなかは、卵の白身みたいにスカスカだ[319]。

たちのこと。
311 「くにの柱」【☞コラム39】をけなすというタブーをあえて犯すのは、戦争をふっかけることを意味する。
312 くにに異変が起こることを意味する。ここでは戦争が起きること。
313 父君アップ（*ải Áp*）は、父君カーン（*ải Càn*）すなわちタオ・カーンの誤字であろう。
314 【☞コラム40】
315 家の四本柱とは、屋台骨として最低限4本の柱が必要であることを意味している。タオ・カーンとタオ・カムは兄弟なので一つ屋根の下の者である。しかし、柱を先で斬るとは、もはや一つ屋根の下の者同士ではなくなることで、先が平らになるように削るとは、徹底的にしのぎを削ること。

村の水路で捕獲したタウナギとカエル（一九九七年十一月、トゥアンザオ）

ムオン・タインはからからに干上がった。
ムオン・タインはカンカンに照っていた。
ムオン・タインで食べるのは、カエルやツチガエル。
食べるのはヘビみたいなタウナギ[320]。
田の民が水を担いで入れてもたまらない。
田の民が水を分けても田に入らない。
盆地の人は盆地を分けるが、流れてこない。
老人たちは田の畦を好む[321]。
しかし、水を担いできても、田にたまらない。
カニや魚を担いでいっても生きられない。
女たちはふるさとを好むが、四本柱は折れてしまう[322]。

## 27. タオ・カムによるくに作りと混乱

父祖タオ・カムの家の大きな床下には、唐臼も舟形の臼もなかった。

316 「肉を断って塩を擦り込む」とは非常な苦痛を受けることで、牛や水牛にたとえられた平民階層の苦しみを意味している。
317 タオ・カーンとタオ・カムが上ムオン・タインと下ムオン・タインに分かれて占めた。
318 本来ふっくらしているはずの尻尾がやせているのは、経済的な疲弊状況を示す。
319 ここまでの4行は、くにの精霊を供養する祭礼ばかり催していて出費がかさみ、くにの経済状況が非常に悪くなったことを意味している。
320 ディエンビエンは、かつてカエルやタウナギの料理で有名であった。
321 田作りしようと奮闘する様子がここから語られる。
322 慣用句「くには破れ、

床下に置かれた唐臼（一九九七年一〇月、トゥアンザオ）。白いシャツの少女が柄を踏み、てこの原理で杵の先（黒いシャツの女性の右手の前）を押し上げている。近年は村でも機械精米することが多く、唐臼はあまり用いられなくなっている。

米を搗いてくれる人はいくら探してもみつからない。
弟[323]には妻がいなかった。
喜び、悲しみをともにしてくれる人が得られなかった。
「田の民に、よき人あり」と聞く。
サム・ムン[324]のヴィーという婦人の娘で、
砦にぴったり寄り添うところに住むという。
水浴びの姿は、目にまばゆい。
くにを歩く姿は、もっとまぶしい。
天が君子に妻を授けた。
天がくにおさに妻を与えた。
こうして父祖の結納品の包み[325]を携え、結納に訪ねる。
いい水牛を床下の柱に縛る。
チャーン[326]が告げると、妻がくる。
父祖の家に入り、よめになる。
よめ入りし、愛しむべき妻となる。

水は逃げる（*mưỡng bá, tà xiêu*）」を踏まえた表現で、戦乱などでくにがぼろぼろになっている様子。

323　タオ·カムのこと。タオ·カーンの弟の意味。

324　ディエンビエン県サムムン社付近。

325　新郎側が新婦側に贈る肉、魚、ビンロウジの実などをくるんだ包み一式（*hó pa pản*）。

326　礼部第二の役職者オン·チャーン（*ông chàng*）は、さまざまな事柄を告知する役を担当する。【☞コラム 27】

新婦宅に新郎の親族が婚資を運び込む（二〇〇三年二月、トゥアンザオ）

うら若い清楚な女性、
よい蚊帳、主の妻は中に、
よい女性、父祖が中に入る。
妻を受け入れ、父祖は寝る。
首領は同衾して、子を得る。
こうして得たのが、玉のようにまばゆい男の子、
きらきらと、山の頂きをこえていくかのよう。
こうしてムオン・ロの大君父祖チョン[327]が生まれた。
どのくにも挑んでこなかった。
雌カワウソとツチガエルがいがみ合うかのよう[328]。
ウリを植えても、ウリが食べられない。
果実を植えても、ヒョウタンが食べられない。
くにをじっと見張っていても、食邑できない[329]。
とげだらけの木みたいに、ちくちく刺さる。
水牛のスジ肉みたいで始末に困る。
挙兵してもうち勝てず、きりがない。

327　ムオン・ロのチョン（*Chông*）という呼び方をしているのは、ムオン・ロ首領の息子であったラン・チュオンの直系子孫にあたるから。【☞コラム 37】

328　【☞注 306】

329　ここまでの3行は、兄弟の仲間割れによる政情不安が続き、タオ・カム、タオ・チョン父子らによるくに作りがうまく行かないことを示し

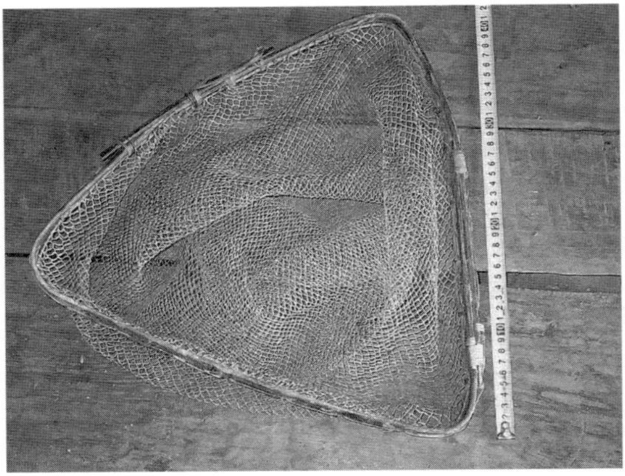

三角網（一九九九年九月、トゥアンザオ）

決戦は、銀が混じった銅鑼の音が、キンキン響きわたっているより先のところ[330]。
決戦は、長兄たるサー・ウオン[331]がいるところ。
決戦は、ナー川合流点[332]のそびえる山にいるサーのところ。
決戦は、ペー川合流点[333]の三角網のところ[334]。
突堤でケーやバーを捕ろう[335]としてもつかまらない。
川を割り、ポックやカイン[336]を捕ろうとしたがつかまらない。
民衆はみんな逃げ散じてしまう。
逃げてタオ・カムのもとで、その根となる。
父祖のよい妻は殺されたが、交渉に長けていた。
父祖のよい妻は殺されたが、てきぱきしていた[337]。
人々[338]は真相を知らず、苦々しく思う。
父祖の妻は、申し分なく、勇敢だった。
サー・カウ[339]は知っていて、喜んでいる。
他に知っているのは、ムオン・ファン[340]首領とム

ている。
330　父祖チョンは銅鑼をうち鳴らし、戦いに挑もうとするが敵のところまで太鼓の音が届かない。なお、この銅鑼は、銀を混ぜて鋳造した銅鑼であるが、カム・チョンによると、かつて銅鑼はキンからすべて黒タイは買っていたという。
331　ラハに当たる集団と思われる。ラン・チュオンを苦しめた先住各首領の多くがラハであった。その意味で長兄（*anh cả*）と呼んでいる。しかし、カム・チョンによると、この『タイ・プー・サック』を歌う時には、*anh ca* という声調で発音した。
332　ナー川がダー河に合流するライチャウ市（現ディエンビエン省ライチャウ市）中心部のことである。

天秤棒を担ぐ女性（二〇〇六年五月、トゥアンザオ）。黒タイの間では、天秤棒が運搬にしばしば用いられる。

オン・タイン首領のみ。
突き通そうにも厚くて突き通せない[341]。
人々[342]は父祖のくにの土をすくいあげ、主タオ・チエウは天秤棒を担いで商売に出る[343]。
行き先はチャーのラオ・ニャウのところ[344]。
サー[345]が父祖のくにの土をすくい取ると、主タオ・チエウは天秤棒を担いで商売に出る。
売りに行くのは、ムオン・ライのルー[346]のところ。
ムオン・ライのルーには、苦くて辛い酒は飲みにくい[347]。
悪い事をしたもんだ、父祖に対して。
来る日も来る日も直しているよ、弩を。
５日も直しているよ、引き金を。
上手のタイ[348]、ムオン・チエンのタイが続々と押し寄せる。
槍、盾が茅の穂のように立ち並ぶ。
そして、頭にはぴんと立った帽子を被っているよ。
髷を覆っている縁飾りがぱたぱたしている。

333　ゾム川にペー川が合流する地点。ディエンビエン県タインルオン社。ラン・チュオンの息子クン・ペーにゆかりがあるとされるペー村（*bản Pè*）がある。
334　カム・チョンによると、サー・ウオンたちは自分の食べ物を調達せず、他人が網で捕った魚をあてにしている意味だという。すなわち、ここの記述は、彼らがよその土地や権利を強奪していると批判している。
335　【☞注 251】
336　ポック、カインともに、ダー河に生息する大型のコイ科の魚の一種。どちらも美味で知られる。カインはポックに似ているがもっと細長く、スープにすると美味。
337　優れた外交能力と政治能力を持っていたタオ・カ

トゥアンザオ県ムンチュン社の白タイ村落（一九九七年）

ムの妻（あるいはタオ・チョンの妻）が殺された。

338　ここでは「タイ」という語が用いられている。父祖に追随している人々のこと。

339　サー・カウは現在の民族分類ではコムー。

340　現ディエンビエン省ディエンビエン県ムオンファン社。

341　隔靴掻痒。

342　ここもタイの語が用いられている。

343　原本には、タオ・カムとあったのをタオ・チエウとカム・チョンが修正した。『クアム・トー・ムオン』には、甥タオ・チエウが叔父タオ・カムと仲違いしてムオン・ライに去った話が記されているからである【☞コラム 37】。ここには、ムオン・タインの人々がタオ・チエウに従わず、タオ・チエウは統治を諦めて、ムオン・ライへと去ったことが記されている。

344　語源は定かでないが、ラオの土地をプン・チャー（*púng chà*）とも呼び、ラオス側の土地のことである。ラオ・ニャウ（*Lão nhátư*）という集団については不明。カム・チョンによると、ラオにもラオ・ニャウとラオ・ノイ（*Lão nọi*）がいて（ニャウは大、ノイは小）、ビエンチャン周辺のラオをラオ・ノイと呼んでいるという。

345　ここでのサーは異民族を示すというより身分の低い者の総称。

346　当時、ムオン・ライはルーが居住していたということである。

347　ムオン・ライのルーの人々は、イヤイヤながらタオ・チエウの支配を受け入れた。

348　ムオン・ライより上手、すなわち現在のチエン・ヌア（xã Chiềng Nưa huyện Lai Châu）からナー川上流部のタイ系の人々であろう。

たくさんの盾、槍が槍棚にかけられている[349]。
10のくに、20のくにが、一つのくにに対して集まった[350]。

## 28. ムオン・フアッに逃れて対抗

父祖には名案が浮かばない。
父祖は金銀を風呂敷に盛る[351]。
掃討をこころみたが、敗れて、父祖は奔る。
ムオン・フアッまで逃げ延びると、平和そのもの。
そばだった道を上れば、平穏そのもの。
臼を用いて精米し、
弩を仕掛けてシカを狙う[352]。
猛者は腕がなまって、物足りない。
望むらくは、今にも折れそうな葉の軸も、折れないままいられること。
望むらくは、今にも押し流されそうな谷も、押し流されないままいられること。
望むらくは、今にも争いが起こりそうな村も、争わないままいられること[353]。
ただムオン・コとムオン・ダーン[354]のみ、
自ら木を折り、梢を落とす[355]。
砂で消してしまうのは、ゾウの足跡。
綱を編み、ゾウの道、馬の道を塞いで、
父祖は挙兵し、コとダーンに立ち向かい、破った。
コとダーンを倒し、うち勝った。
毛布をほどき、父祖は干した[356]。
ゾウと馬を父祖は牽いて戻った。

349　ムオン・タインに対して戦闘の準備をしていることを、ここまでの8行は示している。

350　ムオン・ライを中心とするたくさんのくにが、ムオン・タインに向けて兵を結集させた。

351　仏領期にリュックサックがもたらされるまで、兵士や旅人などは、ものを持ち運ぶのに大きな風呂敷（*tày*）を用いていた。カム・チョンによると、通常「風呂敷」の意味で用いられる*pã phụ*は、漢語起源の語。風呂敷に金銀（ここでは財産の総称）をくるんで、敗走にそなえた。

352　平和そのものの様子。

353　ここまでの3行は、平和を望んでいることを意味する。

354　ムオン·コとムオン·ダーンは場所不明。カム・チョンによると、トゥアンザオ県ムンチュン社の北側にコ村(*bản Cỏ*）とドゥン村（*bản Đung*）がある。ダーンはドゥンの間違いか。

355　戦を仕掛ける。

356　慣用句に「弾薬を鞘に入れ、毛布を肩に提げる（*kẻ mả pã chiêng*）」がある。意味は、戦に行くことである。かつては漢族商人が売る毛布をもって、戦に行ったという。毛布を解くとは、戦が終

どのくにも挑んでこなかった。

## 29. 正室と側室の争い

争い合うのは、ごちゃごちゃ面倒なことをいってくる人がいるから。
槍棚を見てウロウロして、しつこく挑んでくるよ。
臼の縁を叩いて、うるさく挑んで来るよ。
梯子のてっぺんを叩いて、しつこく挑んでくるよ[357]。
河ではミズチが卵をかえす[358]。
くにや村で戦が勃発する。
兵を率いてラップ川[359]に赴き、
ロの淵[360]に行って水浴びし、
クエン川[361]に行って魚を捕る[362]。
タオ・ブン・マーイ[363]を訪ねて訊くと、
丙の日はよくないという。
辰の日はだめだという。
そこで父祖を近くに呼んだ。
枝きれを折り曲げると、とげが立って、髷に引っかかった[364]。
父祖は殺され死んでしまうだろう。
しかし、やり手な老人がいる。
臭くて不潔な食器には、虫が群がる[365]。
使った葉を何度も食事に用いる[366]。
愛し合ってむこ入りしてきた人たち[367]も、他人同然。
もはや口もきかない人たちがどれほど多いか、昨

わったことを意味する。
357　臼を叩いている間はまだ床下にいたが、ついに家の中まで挑発しに来る。
358　ミズチが卵をかえすとは、君主が何人も現れて争い合うことを意味する。
359　ラップ川がどこにある川か不明であるが、トゥアンザオ付近と思われる。
360　ロの淵もトゥアンザオ付近か。
361　クエン川はムオン・ファッ（トゥアンザオ県チエンシン社）を流れる川か。
362「水浴びする」、「魚を捕る」とはそこで戦闘したことを意味する。
363　タオ・ブン・マーイ（*Tạo Bun Mãi*）は、付近の日相見の祈祷師（*pò mụ*）のことであろう。戦勝できるかどうか占ってもらいに、訪ねたのである。
364「枝きれを折る（*hắc kho*）」のは、約束をしっかり結んだ証として、小枝などを折りまげ、約束が果たされるまでおいておく黒タイの習慣。約束が果たされると、完全に2つに割って捨ててしまう。折った枝の尖った先が髷に引っかかるのは、幸先が非常に悪い。
365　汚い連中には汚い者が群がるものという教訓。
366　食卓がわりに使うクズ

日一昨日からずっと考えている[368]。
どかどか足音ならして、霧より速く崖のてっぺんまで登り[369]、
一番いいところに行ったつもりが、
いちばん悪いところ[370]。
毎日毎日、父祖タオ・カムの館の梯子が外れ、
オガタマノキ[371]の梯子が抜ける[372]。
ある朝、父祖タオ・カムの妾が死んだ。
殺したのは、目はしのきく正妻[373]。
馬をもつ者は馬に乗って上ってしまい、父祖を捨てる。
舟をもつ者は舟に乗って下ってしまい、父祖を捨てる[374]。
銀30万ビア[375]を父祖は包む[376]。
砂を包むように銀を包む。

## 30. ルーによるムオン・タイン侵略

父祖はムオン・チョッ[377]の長となる。
平らで広大な土地を、父祖は拓く。
長老会の息子たちはいい妻を得、
一族の息子たちもいい妻も得たことだ、父祖よ。
パッチワークのカーテンを父祖はあげて、寝所を見せる。
寝台がある寝床まで開けっぴろげる。
大きなカーテンを父祖は作り直す。
広いカーテンは、ラオス方面の首長たちまで[378]。
ムオン・タインはまたルーが立て直す。

ショウガやバナナの葉は、ふつう一度使ったら捨てる。これを使い捨てにできないのはキョウダイだから。だめなキョウダイとでも縁を切るのは難しいことを示す慣用句。
367 「むこ入りしてきた男性たち」と書いているのは、夫方の父系親族【☞コラム41】の男性たちのことである。
368 本当の味方が非常に少ない。
369 霧より速く登るつもりで行くほどの必死さを示す。
370 覚悟を決めた行為がうまくいかなかった。
371 モクレン科モクレン亜科オガタマノキ属のハム（*hắm*）の木は硬いため、梯子に良く用いられた。
372 この2行は人心がタオ・カムに集まらず、首領の地位が脅かされたことを意味する。
373 カム・チョンによると、首領の正室には、長老会に対する政治手腕や跡取りを立派に成長させることが求められたという。
374 多くの人が首領を見捨てた。
375 【☞コラム35】
376 正室、側室に対する銀の分配をめぐって正室と側室間の争いが起こったと父祖は判断し、銀を全部取り上げてしまった。
377 ムオン・チョッ（*Mường*

広いくにをルーが食邑する。
大きなくにを食邑するのはルーの軍。
勇ましいルーを、女性たちは恐れる。
女性が水辺に行こうにも、刀を担いで谷でいつも待ちかまえている。
国中の男がかしずかない。
平民は嫌っている[379]。
野菜を摘むのに、外の田んぼまで出る[380]。
ムオン・タック[381]の長は畦を作れない[382]。
逃げる先は、ムオン・ゴイ首領[383]のもと。
ゾウはうち勝てず、ウロウロくに中を逃げ回る[384]。
ブタが死につくしたら、巨体のゾウに打ち勝ったってことよ[385]。
ゾウが輝ける虎を彼方から招ければ、
楽々と相手を倒すことができる。
このままでいるわけにはいかない。
ゲーの帽子[386]の垂れ飾りに、縞があるセミの飾り[387]。
二房の垂れ飾りが、しっかり組みあっている。
目の前の道をすぎる音、その風をしかと確認したとサーが告げる[388]。
噂では、からからの風が砂をまきあげ、
ふきあがってチャイの木の枝に被さる。
噂では、父祖のくにはよくなった[389]。
父祖は頭髪を後ろに回す[390]。
夜、よだれを垂らして寝るなんて、なんて幸せ。
子どもがいる者はおんぶひもを縫う[391]。
おんぶひも全体に刺繍し、黄色い縞をほどこす。

*Chọk*）は場所不明。

378　首領のうわさがラオスの方までとどろいたことを意味する。

379　ムオン・タインの人たちはルーに服さなかった。

380　山菜、野菜を摘みに行くのは女性の役割。女性もルーに服さなかったことを示す。

381　現ソンラー省フーイエン県（huyện Phù Yên）。

382　ムオン・タックもルーの勢力に脅かされていた。

383　ムオン・ゴイは、ルアンパバン県のウー川沿いのムアン・ゴイか。

384　くにが乱れ、ゾウさえも逃げ惑った。

385　ここでのブタはタオ・カム率いる黒タイの人々、巨体のゾウは力強いルーの勢力の比喩。ブタがいなくなったら、敵も食べ物を失って滅びるだろうという意味。

386　役職者オン・ゲーの帽子（*nuốk kí*）が、どのような形状であったかは不明。

387　*tô chắc chắn* は縞がある蝉の一種で、かつて子どもたちは棒をこんこんと打ち鳴らして歌を歌い、おびき寄せられたこの蝉をつかまえた。オン・ゲーの帽子から垂れた飾りに、この蝉の飾りがついている。戦にはかならず礼部の役職者が同行し、幸先

犬を飼う者は、縄[392]で結ぶ。
しっかり縛ってシカに吠えかからせて、若者は昼食に来る。
大船が2回横切って父祖がくる[393]。
舟は浮く。メット川[394]を滑って父祖がくる。
ぐるぐると渦を巻き、波立てる川の方へと。
ニワトリの毛がバラバラに散らばっている。
息子は父にしっかりついていく。
梁がメコン上流に張りめぐらされている[395]。
雄ゾウが先に走っていく[396]。
枝は粉々に押しつぶされ、しなびてぐちゃぐちゃになる。
ゾウや馬[397]も集まり、父祖に従う。
それから父祖[398]は、川沿いにどっさりと人を集める。
兵はいくらでもいるが、父祖には物足りない。
かしずくふりをして、
表向きは仲良さそうに叔父タオ・カムに従った。
キョウダイが抜刀してはならない。
抜刀すれば、おそるべくは刃が折れること、
刀をむき出せば、おそるべくは切ること[399]。

## 31. タオ・カムとタオ・チエウの争い

叔父と甥がムオンの土地をめぐって争った。
叔父と甥が事をおこし、仲違いしてはならない。
おそるべくは、状況がこわれて[400]、ツキがなくなってしまうこと[401]。

を占ったり、指揮したりした。
388　大軍がすさまじい勢いで通り過ぎるのを、サーにも知られた。
389　戦が終わった。
390　平和になったおかげで、髪を梳いてそろえることができた。
391　人々が平和になった土地へ移住を始める。
392　かつては *co pá* の木(ジンチョウゲ科の草木か）の繊維を撚って縄を作ったという。
393　ここはカム・チョンの解釈も一定していない。カム（*khảm*）の語は、舟の大きさの単位であり、かつて黒タイの舟には、1カムから7カムまでの等級があり、7カムが最大であったというが、具体的な大きさは不明と、最初カム・チョンは説明した。しかし、あとでもう一度確認したところ、カムの語は「渡る」という日常的な意味だと説明し直した。本稿での訳は、後者の解釈を採用した。
394　メット川は、ムオン・フアッを流れるマー川水系フアッ川に注ぐ川の名。
395　メコン上流域の各河川は川幅が狭いので、梁を作ることができる。メコン上流域を黒タイが占めたことを意味する。
396　ゾウに乗って戦にでている将兵たちのこと。まず、

将軍たちが様子を見て、後で人々が入植する。

397　ゾウや馬に乗っている将兵たち。

398　この父祖は、タオ・カムと対立した甥のタオ・チエウではないかと思われる。

399　この2行は、親族同士が争うことの心の痛み、すなわち同じ親族間で殺し合うものではないという教訓を意味している。

400　具体的には、仲違いしてしまうこと。

401　一族の間で縷々として継承されてきた幸運や徳の糸が切れる。

402　かつて黒タイは戦時に、赤い服を身につけたという。20世紀に入っても、くにの祭礼などの際、役職者たちは裾にパッチワークのある赤い服を身につけた。

403　囲炉裏の灰を濾過したアルカリの灰汁（*nặm đắng*）は、藍染め【☞コラム42】に用いる。

404　リュウキュウ藍。

405　間違いを犯していることを意味している。つまり、藍染めは、まずリュウキュウ藍やインド藍から抽出される液と、灰汁を混ぜて藍液を作り、それに布を浸して染める。まず、赤い服を灰汁につけること自体が間違いであるし、灰汁につけてから蓼藍

どのくにも挑んでこなかった。
それから、挑み合ったのは、赤い服[402]を灰汁[403]に浸し、
まだ青い藍草[404]の芽を摘むようなところ[405]。
挑み合ったのは愛人と正室。
「にらみ合ったが、ぶつからず」[406]、
水をかき乱して、魚をとり殺そうとするが、水にはまだ入らず、
鋼の刀で、いまにもバッサリいかんばかり[407]。
ついに虎公[408]に告げに行き、
こうして虎公が下りてくる。
こうしてイッ・コン[409]もつき従い、
兵を率いて、ゴン・コン・ボッ村[410]に行く。
槍を放って、チエン・カウ[411]を包囲する。
オック・コアッ[412]の館を破壊しに行く。
ゾウが勝って、父祖は去る[413]。

## 32. ラオス側への進軍

一年で戦すること2回。
去ってドゥアット・ゾン[414]に至る。
去ってゾロゾロと遠征する。
父祖の兵はラオまで進む。
舟に棹さし、ファッ川[415]を上る。
4艘を横に束ねて、舟を曳いて遡る[416]。
ラオたちが「オーイ、オーイ」と声を掛け合いながら行き来する。
父祖はぼろぼろの差し掛け小屋を渡り歩くが、憂

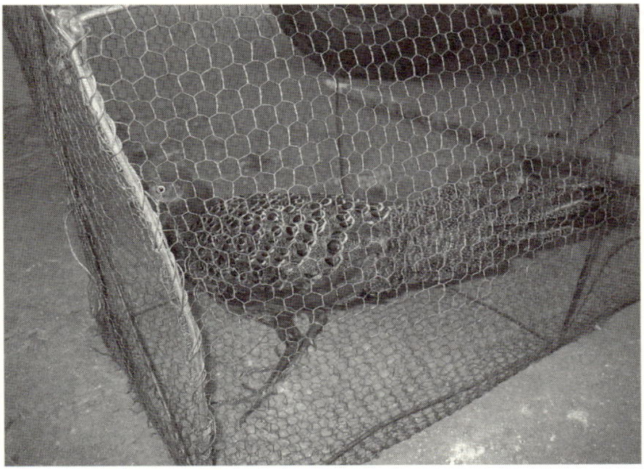

ノック・ソーはキジ科のコクジャクなどの仲間（二〇〇六年一一月、タンウエンのモンの村で）

からの抽出液に浸すのも間違っている。

406 「にらみ合ったが、ぶつからず(*đu cãn báu thỏng cỏn*)」は、水は流れて下手の岩にぶち当たるはずが、どういう力が働いたせいか、岩をよけて水が通り過ぎてしまったことを意味する。つまり、とうぜん起こるべき危機が回避されること。ここでは、対立しあっている愛人と正室が、なぜか衝突に至らなかったことを意味している。

407 この2行は、まだ手は下していないが、相手を殺してやろうと思っていることを示している。

408 *khun nhì* の訳語。戦闘の勇気を与える精霊の一種。

409 イッ・コン（*Ík Cồng*）は、サーの集団の一つと思われる。ここでのイッは、将軍の称号であろうか。タオ・カムの軍勢がイッ・コンから援軍をもらったのだと思われる。

410 場所不明。

411 どこかのくにの中心の村と思われるが場所不明。

412 オック・コアッ（*Ốc Quạk*）は敵対する相手であろうが、不明。サーかもしれない。

413 父祖タオ・カムの軍勢が勝った。

414 ドゥアット・ゾン（*Đuốt Dong*）も場所不明。

415 ラオスのウドムサイ県ムアンラでウー川に合流するパック川にあたるだろうか。

416 急流の川を舟を曳いてあがるために、舟と舟を横並びにつなぎ合わせた。

417　父祖がラオが住む土地に行こうとするが、森の中を彷徨しているだけで先に進めない。しかし、それも気に病まない、という意味。
418　【☞コラム 43】
419　森は精霊たちのくにであり、父祖のくにではない。
420　父祖の魂は村にあるままなので、食事の際、魂がやってくるという意味。
421　サーのことであろう。黒タイのクアン姓の人々には2集団があり、一方はサーであったと伝承される。【☞コラム 44】
422　サーの軍勢に敗れた。
423　上の田から下の田に水を送る樋が入る畦の穴が9つあるほど大きな田とは、敵対するタオ・チエウの田を指している。
424　ラオス側の地名と思われるが不明。
425　父祖は、土地にすっかりなじんだ。
426　くにの首領になったことに対して、ラオの王は苦言を呈しなかった。
427　平和になった。
428　ノック・ソー（*nộc xó*）やノック・ケー（*nộc khẻ*）は、キジ科のシャコに近い鳥。ノック・ケーに小さい斑点があるのに対して、ノック・ソーには細い縞がある。

いなし[417]。
ソメノイモ[418]が茂る森に入り込むこと3ヶ月。
精霊は森にあって、くにをもっている[419]。
魂は村にあって、食事しにやってくる[420]。
ついにクアンの一族[421]に対して攻め上る。
屍は放置され、山中に槍。
カジノキやコウゾをゆわえて遮ろうにも、うまくいかない[422]。
ついに父祖は引き返し、
父祖は排水口が9つもある大きな田[423]を手に入れに戻った。
父祖は、フオン・ラーン・サック・チャウ[424]に入り、
父祖はラオの土地にいる忠臣のもとに戻った。
女性たちが毎日挨拶してくれて[425]、
城壁は円を描き、弓なりに盛りあがっている。
父祖は楽々とくにを手に入れた[426]。
高原には虎がいるが、父祖はぐっすり眠る[427]。
バンケンが栗の木の洞にいる。
シャコ[428]が右手で鳴いている。
シャコは萱を切り、ふっくらした屋根を築く。

## 33. ムオン・タインの分割

ムオン・タインを、首領は二つに分ける[429]。
下ムオン・タインはタオ・カーン・グア・ラーン[430]が食邑するところ、
上ムオン・タインはサーン・カム[431]が入るところ。
忠弟カムは、まるで尻尾の曲がった水牛のよ

家屋の千木（二〇〇二年一〇月、マイソン県ナオット社）。西北地方で千木をつけた家は一九七〇年代から一九九〇年くらいまでの間にほとんど消滅した。近年の伝統の復活で、装飾として千木をつける家がまたあらわれている。

う[432]。
土盛りして、おのおのは環濠の中に[433]。
土を掘って城に入ると、ひたひたとたたえた水の中[434]。
ひたひたの城には、30 万人の下僕[435]がいる。
大事なのは、ゲー[436]のもとに赴くこと。
ゲー・スン[437]がやってきて唱え、
ぶつぶつと祈禱を捧げるが、かんばしくない[438]。
ニュー[439]の森の木を目指して行くのが、吉という。
まちがいなく吉。目で見ても、耳で聞いても吉[440]。
ラオの城がいくらでもある[441]。
まるで星の数ほどたくさんの人の血。
どこもかしこも、血の海。
占いがはずれるのを恐れ、たしかな人を遣わし[442]、
たしかな人の道しるべに従ったが、うまくいかない。
頭が硬い人の態度を懐柔しようにも、うまくいか

429 ムオン・タインが二人の首領によって分割された。

430 タオ・カーン・グア・ラーン（*Tạo Càn Ngũa Lãng*）は、タオ・カーンのことか。すでに、タオ・カーンは、タオ・カーン・チュー・ナーンとして記されている。

431 サーン・カム（*Xan Cẫm*）は、タオ・カムのことか。マーン・カム・ケップ・ラーイ・アムとして記されている。

432 この領土分割に関して、タオ・カムは内心快く思わなかったことを意味する。

433 戦に備えている。

434 かつて黒タイの城は、土塁をめぐらし、外を堀で囲んでいたといわれている。

435 *khỏi* は自由農民を除く被支配階層の人々の総称として用いられているため、ここでは下僕と訳した。社会

ない[443]。
お告げによると、イッ・ターイ[444]を頼るべき。
亡くなって、くにの館の千木に上る[445]。
木の千木に上り、間違いをおそる[446]。
それから、瘤が9つある豪勢な銅鑼[447]を得る。
銅と銀でできた豪勢な銅鑼、
大銅鑼をラオの砦に献上しに行く。
(・・・)

階層については、【☞コラム28】。
436　礼部役職者オン・ゲー。
437　スン(*Xùn*)という名のオン・ゲー。
438　ゲーの占いのことばに従ってみるが、うまくいかない。
439　大木になる広葉樹。
440　オン・ゲーの占いによると、まちがいなく吉である。
441　託宣に従った方向に行くと、ラオの土侯たちが戦争をしているのに出くわした。
442　託宣に従った方向に行って大丈夫か、先周りして偵察させる。
443　戦争している土侯たちが戦争をやめない。
444　イッ・ターイ(*Ík Tãi*)は、サーの集団であろう。
445　タオ・カムが亡くなり、千木の上からくにを見渡すのである。
446　託宣が正しくないことを心配する。
447　かつては、たくさん瘤のある銅鑼でメロディーを奏でたという。

# コラム

市場で商売する漢族女性（ライチャウ省シンホー、二〇〇四年二月）。この市場でモンやザオに豆腐を売っている漢族商人は、ベトナム語、白タイ語、モン語、ザオ語も話す。

モンの村落（二〇〇六年一一月、タンウエン）

## 1. サー

黒タイや白タイの人々の自称はタイ（*Tăy*）である。これに対して、タイが以下のように呼称するタイ以外の人々がいる。

① ハーン：漢族のことである。中国語を話す。西北地方においては商業民であったが、中越戦争（1979）の頃、市場から姿を消した。

② ケオ：ベトナムの多数民族であるキン族のことである。ベトナム語を話す。20世紀半ばまで西北地方においては商業民であった。

③ モイ：ベトナム語に近いムオン語を話す。公式民族名はムオン。紅河デルタと山地の境界域に分布し、物質文化面ではタイ系民族との

雑貨屋に集まっているザオ（二〇〇六年一一月、ヴァンチャン県ザーホイ社）

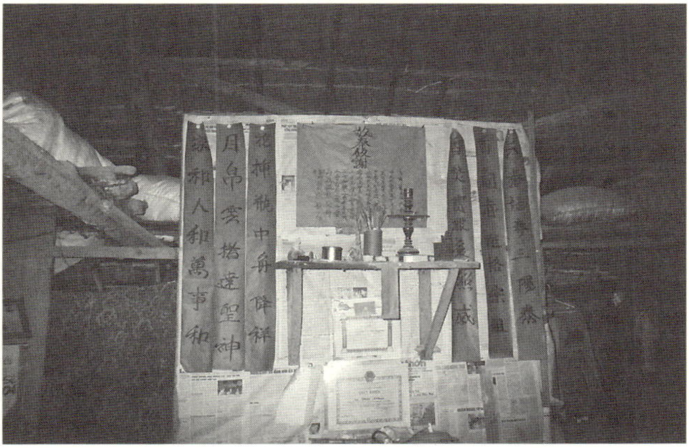

ザオの家の中にある祖先を祀る祭壇。道教の要素が強い（ライチャウ省、二〇〇四年一〇月）。

共通点が非常に多い。【☞コラム 20】

④ メオ（モン、苗）：山頂近くで焼き畑耕作や棚田を築く。中国南部からベトナム西北部へ移住してきたのは主に 19 世紀以降と新しいためか、『タイ・プー・サック』には登場しない。

⑤ ザオ（ヤオ、瑤）：モンよりは低いが、高地に住む。中国南部からベトナム西北部へ移住してきたのはモン同様に新しく、『タイ・プー・サック』には登場しない。漢字と道教儀礼を継承していることで知られる。

⑥ サー（上記以外の範疇）：モン・クメール語系、カダイ語系、チベッ

図表4　ムオン・ロ組織略図（[樫永 2002a：66] より）

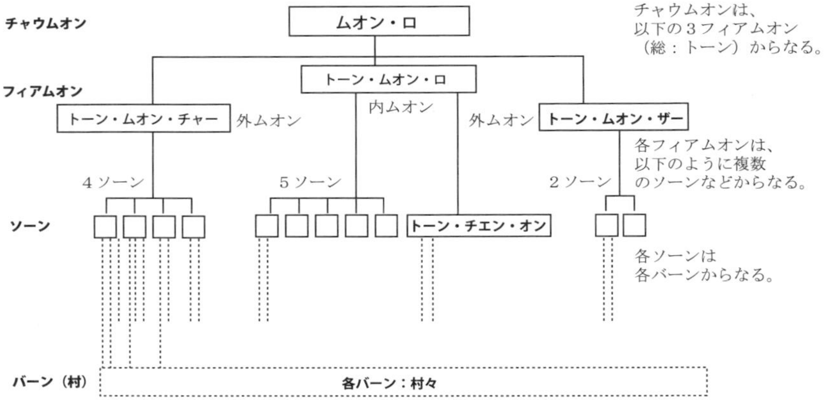


ト・ビルマ語系などの言語集団に属し、先住していたとされる人々である。サーはたくさんに分類され、たとえば以下のような集団がよく知られている。

・サー・カウ（*Xá cẩu*「髷サー」）：モン・クメール語系コムー（Khơ Mú）など
・サー・カオ（*Xá khao*「白サー」）：モン・クメール語系カーン（Kháng）、カダイ語系ラハなど
・サー・スア・ケン・ヒー（*Xá xửa khen hĩ*「長袖サー」）：チベット・ビルマ語系の多くの民族
・サー・トゥ・ムアッ・ライ（*Xá tữ muốk lãi*「縞帽子サー」）：チベット・ビルマ語系ハニ
・サー・コ・トーン・ルアン（*Xá co tong lương*「黄色い葉のサー」）：チベット・ビルマ語系ラフー
・サー・コーン（*Xá cống*）：チベット・ビルマ語系コーン

いずれも黒タイに山地民と見なされ、しばしば天水田での稲作や焼き畑耕作を行う。竹細工をよくしてしばしば黒タイにも提供する。独自の文字文化をもたない。

ギアロ（二〇〇〇年一二月）。西北地方でギアロはディエンビエンと並ぶ大盆地である。

## 2. ロ・コン・コアン

ロ・コン・コアンのコン・コアンとは、河川水域全体を示す名詞である。カム・チョンの推測によると、ムオン・オム、ムオン・アーイを捨てた黒タイがたどり着いたロ・コン・コアンのロ、すなわちムオン・ロのロは、ムオン語の *clo*（稲、米）と関係がある。現在でも、ムオン・ロの盆地にはムオンが数多く村を作っている。水稲耕作を主生業とする黒タイにとって、ムオン・ロとは、一面が稲穂で覆い尽くされる実り豊かな土地という意味ではないかと考えられる。

なお、ムオン・ロは20世紀前半でも、次のような3総《トーン》の行政単位に分かれていた。「サム・ロ（3つのロ）」と呼ばれたロ・チャー、ロ・ザー、ロ・ルオンが、それぞれトーン・ムオン・チャー、トーン・ムオン・ザー、トーン・ムオン・ロの3つの行政単位に分かれた。図表4のように、各トーンがムオン・ムオイやムオン・ムアッにおける内ムオンや外ムオンにあたり【☞コラム27】、トーンは複数のソーンからなった［樫永2002a］。

## 3. ギアロの地形

ムオン・ロ（ギアロ）には、シア川をはじめ、その支流のニー川、トク川などたくさんの河川が流れ、肥沃な盆地を形成している。現在でもギア

図表 5　ギアロ略図（[樫永 2002a：65] の図を一部修正）

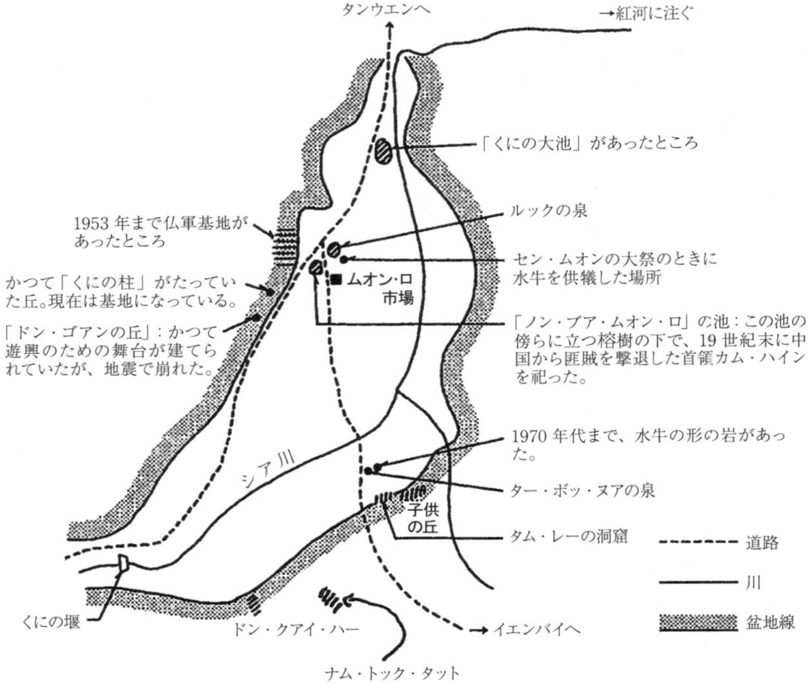


ロやトゥレは米所として有名である。

黒タイの新天地を拓いた父祖ラン・チュオンの故地がムオン・ロである。したがって、現在でも亡くなった人の霊魂はムオン・ロのナム・トック・タット（*nặm tốc tát*）の滝から天上世界に昇ると信じられている。ナム・トック・タットの滝から天上世界へと昇っていく道筋については、『クアム・パオ・コアン（*Quãm páo khoăn*）』という宗教文書に詳しい。ナム・トック・タットの滝は、1980 年頃森の木が伐採され、現在は涸れてしまっている。

1950 年代までは、故人が天上世界で水田耕作できるように葬式の際に水牛を供犠した。供犠された水牛の霊魂はドン・クアイ・ハーから昇天した［Cầm Ngoan　1998：616；樫永　2009：80］。

また儀礼空間としては、トゥアンチャウ、ソンラー、マイソンと同様

ター・ボッ・ヌアの泉（二〇〇〇年一二月）

ナム・トック・タット（二〇〇五年五月）。写真中央よりやや左の沢を流れていた滝の水は、すでに完全に涸れている。

ドン・クアイ・ハーの丘（二〇〇五年五月）。榕樹の大木が一九七〇年代まであったが、新しくキン族の入植村ができて切り倒された。

タム・レーの洞窟（二〇〇〇年一二月）

水牛の解体（トゥアンザオ、一九九九年九月）。現在では、陰暦正月や国慶節（九月二日）に、村で水牛を殺して肉を分配する。

に、黒タイの母とされる竜がすむ「くにの大池」が開鑿されていた。1985年頃埋められて水田になってしまったが、かつては、くにの豊穣と安寧を祈願して「セン・ムオン」を行い、そこで黒水牛を屠殺した。その肉は「くにの柱」【☞コラム 39】にまず捧げられ、それから住民に広く分配され共食された。そのほか、ギアロ盆地を形成するシア川扇状地上部には、ギアロ盆地内で灌漑水田耕作を行うためにもっとも重要な堰である「くにの堰」が築かれた。そこも儀礼空間であり、付近には聖なる森があった。

儀礼空間ではないが、昔に「子供の丘」は、花が咲き、森の木が茂って子供たちの格好の遊び場であった。子供たちは水牛をここに放しに来た。草が豊富で水牛たちも喜び、夕方になっても水牛が帰りたがらず、水牛を追っているうちに子供たちがけんかし始める。これが「子供の丘」という名の由来である［樫永　2002a：67-69］

## 4. くに祭り

タイ系民族に関する研究者が「ムアンの守護霊祭祀」としばしば呼ぶくにの祭礼は、黒タイ、白タイの間ではセン・ムオンと総称される。セン・ムオンでは、水牛を供犠してフィー・ムオン（くにの精霊）をもてなし、くにの全住民が一体となって生産の繁栄と平和を喜び合い、村人各人はくにを作った自分たちの祖先たちに感謝し、将来の平和と安寧を祈願する儀礼を行った［Bạc Cầm Dậu　2002：548］。また20世紀初頭に、ムオン・ムオイのモ・ムオンであり『ムオン・ムオイの黒タイ慣習法』を記した、ルオン・ヴァン・ホンの90歳をこえる息子の一人が、2002年に筆者に語った話によると、セン・ムオンの際にもてなすのはムオンの精霊だけではない。人や村にとって幸福も災厄ももたらしうるありとあらゆる精霊である。災厄をもたらす精霊には退散してもらい、幸福をもたらす精霊には留まっていただくよう祈願したという。

セン・ムオンは植民地期までくにごとに実施されていた。『ムオン・ムアッの黒タイ慣習法』も、「ムオン・ムアッのセン・ムオンには12種あり、それぞれ異なる儀礼である。互いに関連し合った12種の儀礼があり、いずれの年にもかならずそのいずれかが執行される」と明記している［樫永　2001：334-335］。ムオン・ムアッ（マイソン）で3年に一度開催された最大のくに祭りがセン・クオン、またはセン・パーン・パインである。ムオン・ラ（ソンラー）、ムオン・ムオイ（トゥアンチャウ）では、セン・チャーが最大のくに祭りで、首領一代の間に一度開催された。ムオン・ムオイで1930年頃に開催されたのが最後らしい[1]。

かつて、現在ソンラー省トゥアンチャウ県チエンボム社（xã Chiềng Bôm）に属する、ティム村とリウ村に住むモン・クメール語系のカーンが、長さ2メートル、直径60センチくらいの大太鼓を作って首領に捧げ、「大太鼓を持ってくにに入る」儀礼を開催した。この儀礼では、黒タイの父祖の戦勝の模様が儀礼的に再現して演出される。「大太鼓を持ってくにに入る」儀礼の後、セン・チャーが開催された。セン・チャーでは、モ・ムオンが雄々しくかつ威厳ある調子で『タイ・プー・サック』を読誦する。セン・チャーが済むと、黒タイの英雄父祖の一人グー・ハウすなわち父祖ロ・レットを祀っている祠廟に大太鼓を吊した［樫永　2009：204］。

## 5. 火打ち石

20世紀に至るまで、火打ち石は各地でもちいられていて、市場でも売られていた。火打ち石の産地で有名なのは、ムオン・ロ、ムオン・クアイ（トゥアンザオ）、ムオン・ゾン（現クインニャイ県）であった。

クインニャイ県ムオンゾン社（二〇〇八年四月）。ベトナムの有名な小説家トー・ホアイの代表作『西北物語』は、当地のモンの若者アフーが主人公で、ターイ首領がフランス植民地政府の手先として描かれている。近年、道路が舗装され、物資流通が活発化している。

シア川にある「くにの堰」（ギアロ、二〇〇六年一一月）。堰から用水路を築いて、盆地を灌漑する。この堰の付近は儀礼空間で、くにの祭礼のとき、ここで黒水牛が供犠された。

黒タイのベテル・チューイング（一九九八年一二月）。家の解体に際して、祖先にお供えされたキンマの葉など。

マーンの村落（二〇〇四年二月）。ライチャウとフォントーの間、ナー川の吊り橋の反対側に村はある。現在では顔に入れ墨する習慣は廃れた。観光客などとの接触は地方行政当局によって制限されている。

金属の装飾品（ギアロ、二〇〇四年二月）。簪、腕輪、ネックレス、蝶型ボタンなどの銀の装身具、古銀貨や古銅貨など銀や銅の製品が、現在でも現地の宝飾店で売られている。

### 6. 黒タイのベテル・チューイング

ビンロウジの実（*mák lãng*）をかむのは、黒タイでは、ギアロとダー河沿いのムオン・サイ（現イエンチャウ県）などに限られている。黒タイがムオン族と隣接して居住している地域では、村の中でビンロウジの木をみることができる。上記以外の大半の黒タイ地域では、キンマの葉と一緒にハット（*hát*）と呼ばれる樹皮をビンロウジの実の代わりに石灰と一緒にかむ。

### 7. ムオン・ロのコー村のサー

サー・ノイという名で記されている。シア川扇状地の「くにの堰」の上手にあったコー村（*bản Có*）は、かつてサーの村であった。現在はターイの村として登録されている。カム・チョンとダン・ギエム・ヴァンが訪ねた1960年頃には、かつてサーだったという伝承を記憶している者が生存していた。

### 8. 顔に入れ墨をする民族

サー・カーン・ノイという名で記されている。あごに入れ墨を入れる習慣を比較的最近まで保持していたのは、モン・クメール語系マーン（Mång）である。サー・カーン・ノイがマーンのことかどうかは不明である。

### 9. 銅と雷

銅のことを、この年代記では「天霊の犁（*chóp phi then*）」と呼んでいる。雷が落ちるのは、天から落とした犁を天霊が取りに来るからだと考えられていた。落雷した場所には銅など貴金属が埋まっているとして、半世紀前までは掘り起こしに行く人がいた。

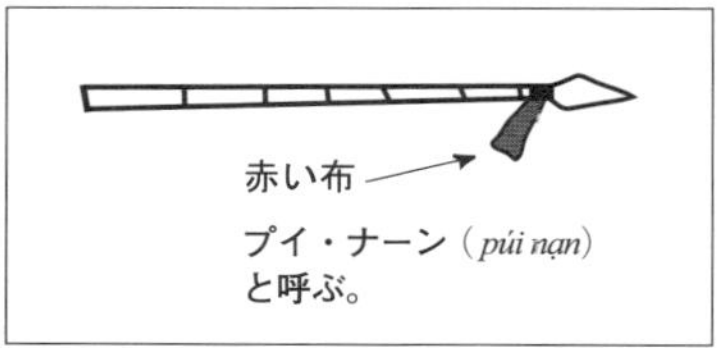


シン・ヒエウの槍。槍の柄には太い竹や木が用いられたという。

掘り棒を使って畦を直す（トゥアンザオ、二〇〇四年一〇月）

## 10. 赤布で飾った槍

シン・ヒエウの槍（*họk xính hiệu*）とは、プイ・ナーン（*pùi nạn*）と呼ばれる赤い飾り布を刃の近くにつけた槍のことである。ナーンは、東北地方のタイー語やヌン語でシカを意味しているところから、カム・チョンは、火のシンボルではないかと推察している。なぜなら、黒タイの間には「シカが村に来ると火事が起こる」という俗信があるように、シカが火のメタファーと考えられているからである。なお、火とシカを関連づける観念はインドにも伝わるという。

## 11. 掘り棒と犁

「*xằm ngọn thãy cuông thák đủa*（犁の胴をつかみ、掘り棒を回す）」という諺にあるように、犁と掘り棒は、ターイが田作りする上で重要な道具である。犁を使わない時期に、祖先を祀る「家霊の間」【☞コラム 21】に保管することがあるのは、犁を大事にする心のあらわれである。なお、掘り

犂による耕起（タンウエン、二〇〇二年六月）

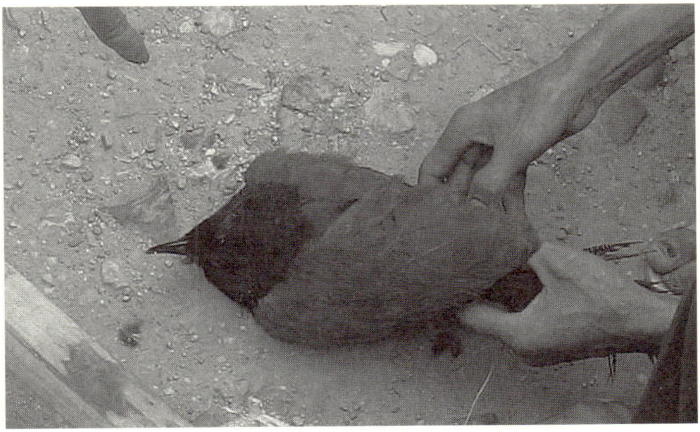
オオバンケン（フートー省の定期市、二〇〇五年九月）

棒はタッ（*thák*）、刃部分のみをドウア（*đủa*）と呼ぶ。犂をタイ（*thẫy*）、木製のその胴体部分をゴン（*ngọn*）という。

## 12. バンケンの仲間の鳥

ノック・コット（*nộc cột*）は、バンケン科を中心とする複数の鳥類の総称である。ノック・コット・カム（*nộc cột cẵm*）［ベトナム語名 chim chạc, chim chả、カワセミ科か？］、ノック・コット・プット（*nộc cột pụt*）、ノック・コット・カー（*nộc cột cã*）、ノック・コット・カイン（*nộc cột cánh*）などを

狩猟罠の模式図

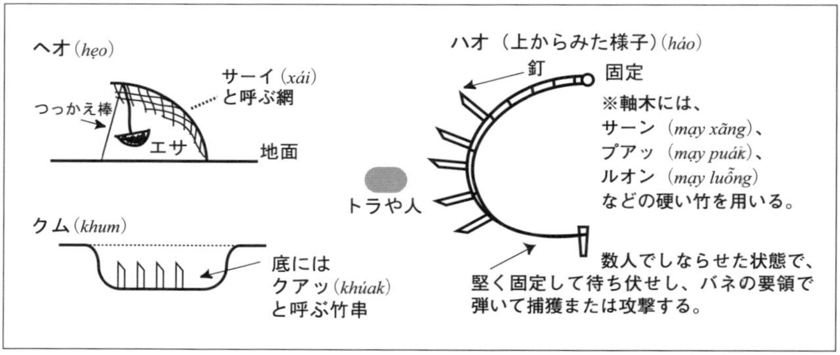


含む。ノック・コット・プットは、オオバンケン［学名 *Centropus sinensis*、ベトナム名 chim bìm bịp］で、ベトナムではしばしば酒に漬けられる。ノック・コット・カーはオオバンケンに似ているが、やや小型である。ノック・コット・カインは、ノック・コット・カムより少し小さく、白い斑点のある黒い尾をもち、首がほっそりと長くて、大きな声で鳴く。

## 13. 狩猟罠

ヘオ（*hẹo*）は、つっかえを除くと上から網が被さるように仕掛けた罠である。また、カム・チョンによると、ハオ（*háo*）は、トラなどの大型獣をとる仕掛けである。太い釘を差し込んで櫛状にした硬くて太い竹を、数人がかりで引っ張ってしならせておき、獣や敵が近づいてくると、弾いて串刺しにしてうちとった。ただし、カム・チョンも実際に見たことはないという。

また、この年代記には出てこないが、植民地期までは、森の広い範囲を柵で囲んで獲物を追い込む形態の集団猟（*hỏm húa*）も、くにの行事として行われた。集団の追い込み猟による獲物か、個人が撃ち取った獲物か、罠猟の獲物かに関係なく、平民は規定に従って新鮮な肉、熟した野菜を首領たちに献上しなくてはならなかった。『ムオン・ムオイの黒タイ慣習法』にも、仕留めた野生獣の肉の分配をめぐる規定が記されている［樫永 2002b：417–419］。

ムオンチャイン製の甕（マイソン、二〇〇七年九月）。ムオンチャインは土器生産で有名で、植民地期まで西北地方各地への行商も行っていた。今でも各地の村で、水甕や染め壺として用いられているが、次第に市販のバケツに取って代わられつつある。

## 14. 魚　毒

魚毒には、サワグルミ属の北越楓楊［*Pterocarya tonkinensis*］（*co xôm*、ベトナム語名 cây cơi）の葉を搗いたものをしばしば用いる。淵にまくと小魚がしびれて浮いてくる。カム・チョンによると、バット（*mák bát*）と呼ばれる木の実を搗いたものはさらに毒性が強く、かつて慣習法でも使用を禁じていたという。

## 15. 陶　器

植民地期以前、黒タイの首領たちは、陶器の鉢を主に漢族商人から買っていた。トゥオイ・ティエップ・リエップ・レ（*thuổi thiếp liệp lẽ*）として総称される陶製食器類は、財産相続の重要な品目であった。婚姻に際しても、夫方父系親族が婚資として妻方父系親族に与えた。

西北地方ではソンラー省ムオンチャイン社が陶器の産地として有名であり、各地の白タイ、黒タイの村落で、水甕や染織に用いる壺として使用されている。しかし、食器としては安物とみなされ、首領層たちは使わなかった。中国側、ベトナム側から入ってくる陶器を交易で入手して用いた。マイソン（ムオン・ムアッ）首領一族のカム・ズン［1905−1978］、カム・ビン［1907−1988］は1940年代までフランス製の陶器を使っていたと、カム・ビンの息子カム・チョンはいう。

コムー村落（シンホー県、二〇〇四年一〇月）。物質文化は黒タイや白タイの影響が非常に大きい。写真の村ではことばは維持されているが、黒タイ語が母語になっている村もある。

コムーの人々（シンホー県、二〇〇四年一〇月）

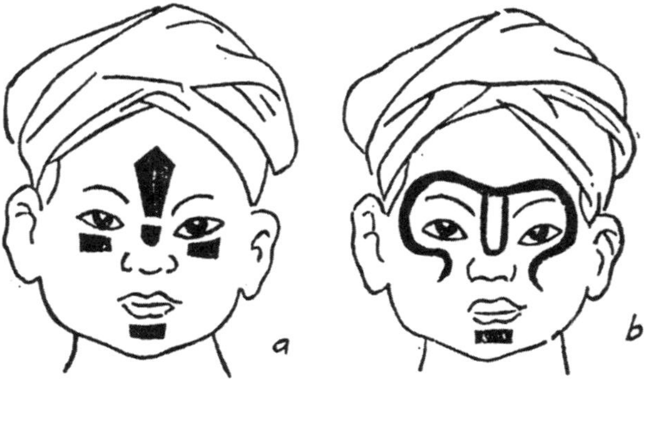


図表6　コムーの顔の線描（[Dang 一九七四：一二九] より）

コブラをつけた酒（モクチャウ、二〇〇七年九月）。コブラはしばしば酒に漬けられ、滋養強壮の効果があるとされる。

## 16. コムー

モン・クメール語系コムーは、1999年人口調査によるとベトナムでの人口約56,000人。北部ラオス国境付近を中心に居住する。黒タイの既婚女性と同様に、タン・カウと呼ばれる髷を結うため、サー・カウと呼ばれる。

祖先祭祀のときに、鍋底の煤で顔を線描してトラに似せて装飾する習慣がある。

## 17. 牛　吼（グー・ホン）

ラン・チュオンから12代目とされる父祖ロ・レット（*Lõ Lẹt*）［別名ロ・レップ（*Lõ Lẹp*）］通称グー・ハウ）は、勇気と知性を兼ね備え、ムオン・ムオイを中心に広く黒タイ、白タイの地域を政治的にまとめ上げた民族英雄として知られ、彼をめぐる伝承は数多い。その勇猛果敢な性格から、グー・ハウすなわちコブラとあだ名された。

一方、ベトナム王朝側の史書には、「牛吼《グー・ホン》（Ngưu Hống）」と称される勢力の存在が11世紀以降の記事にあらわれる。カム・チョンらベトナム民族学者は、グー・ホンはグー・ハウのベトナム語訛音であろうと考え、牛吼を黒タイの勢力として同定している［Cầm Trọng　1978：65-67］。

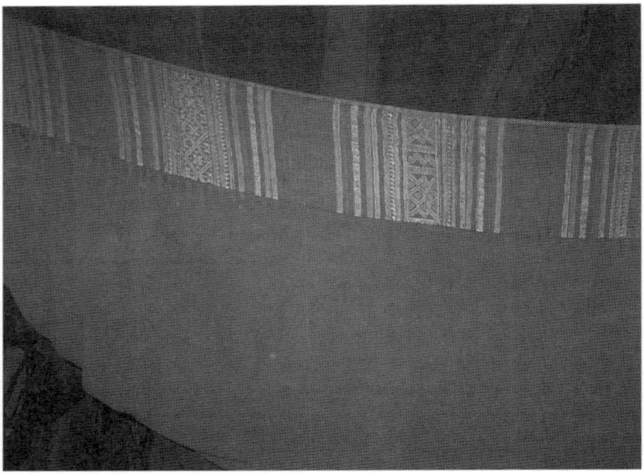

蚊帳（マイソン、二〇〇七年九月）。蚊帳の上部には、綾織りで装飾を施された布が付けられている。

**18. 蚊　帳**

黒タイの蚊帳には、藍で黒く染め抜いた胴部の上に、鮮やかな絹の縁飾りが付いている。蚊帳が総じて黒いのは、白を喪服の色として忌むのが一つの理由であろうか。くわえて、間仕切りのない家で、蚊帳の中が唯一のプライベート空間だからだろうか。

蚊帳はめったに取り外されることがない。中で寝ていた人が死んだことを意味するからである。故人があの世に行っても安眠できるように祈って、墓所に建てる御霊屋に蚊帳を入れることもある。

近年、村では、巧みな意匠のものが減った。身の回りの衣料品を女性たちが手作りするような習慣が廃れてきたからである。かわって、ナイロン製の白い蚊帳が普及しつつある［樫永　2008a：11］。

**19. カーテン**

寝所には、カーテンを吊し、その中に蚊帳を吊っている。カーテン上部には、しばしば刺繍やパッチワークによる装飾がなされている。

**20. ムオン族**

ベトナムにおける言語・民族の分類では、ベト＝ムオン語族に分類さ

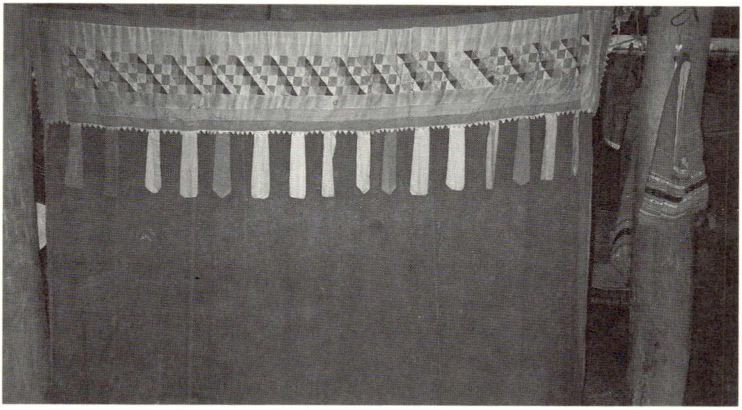

カーテン（トゥアンザオ、一九九九年八月）。寝所の入り口にはカーテンが掛けられ、必要に応じて開閉される。

ムオンの村落景観（ホアビン省、一九九八年八月）

定期市のムオンの女性たち（ホアビン省、一九九八年八月）

れ、ムオン語はベトナム語との共通性が高い。北部ベトナムの紅河デルタ外縁の丘陵地および盆地に、タイ語系民族居住地とキン族居住地の中間地域で水稲耕作を行う。人口約114万人で、ベトナムではタイー、ターイに次いで3番目に人口の多い少数民族である。

## 21. 黒タイ家屋の構造とサウ・ホン

山裾に築かれた村落の家屋は、通常は一定方向を向いている。伝統的な家屋内部の構造は、次の通りである。

亀の甲型家屋（トゥアンザオ、一九九七年一一月）

家霊の間（ソンラー、一九九五年八月）。黒タイ家屋には、家霊の間という父系祖先を祀る部屋がある。十干に則って一〇日に一度、父系祖先にお供えをする。

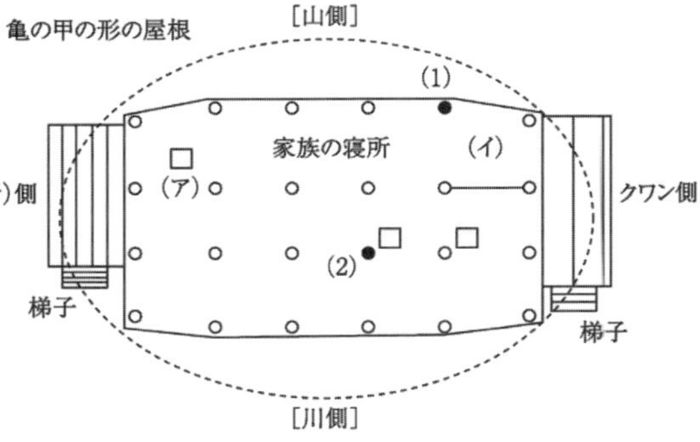


□は囲炉裏
(ア)主たる囲炉裏
(イ)「家霊の間」
(1)xau hongと呼ばれる柱
(2)xau hekにあたる柱

図表7 黒タイ家屋の構造（［樫永二〇〇九：一二二］より）

苧麻（トゥアンザオ、一九九九年九月）

弩（トゥアンザオ、一九九九年九月）。弦にはしばしば苧麻の繊維が用いられる。

山側に寝所があり、川側（田側）に出入り口がある。チャンという台所側が、炊事や染め織りを行う女性の空間、あるいは家族が日常的に食事をする家内空間であるのに対して、「家霊の間」があるクワン側は、男性が組み物をする男性の空間であり、接客などの公的空間である［樫永 2009：122］。

## 22. 麻

麻（*pán*）は、カラムシ（苧麻または苧）［学名：*Bohemeria nivea*］（ベトナム語名：cây đay）のことである。これに対して、モンがしばしば服飾などに利用している植物繊維の方を、黒タイは *pán mẹo*（モンの麻）と呼ぶ。黄麻（その繊維がジュート）［学名：*Corchorus capsularis*］（ベトナム語名：cây gai）である。

## 23. コムー、カーンの肌の色の黒さに関する伝承

サー・チーは、現在のモン・クメール語系コムーではないかとカム・チョンは推測している。理由は次の伝承にもとづく。ヒョウタンを囲炉裏で熱した鉄の棒で突いたところ、なかから330種のサーと、550種のタイがでてきた。最初にでてきたのが自分たちだったので、煤がついてコムー

カーン村落（トゥアンザオ、一九九七年四月）

の色は黒い、という伝承である。鉄の棒で突き刺す動作を黒タイ語でチー（*chĩ*）と呼ぶ。サー・チーは、この伝承と結びついた黒タイによる他称であろうと、カム・チョンは推測しているのである。

同様の伝承は、以下で述べるようにラオスのコムー（ラオス研究者の間では、しばしばカムーと表記）の間にも伝わっている。また、ベトナムのモン・クメール語系カーンのあいだにもある。カーンはなぜ色が黒いか、という伝承は次の通りである。

昔々、カーンの兄妹が野ネズミを追い、断崖にある巣を見つけだした。野ネズミは命乞いをし、自分の命を助けることと引き替えに、まもなく大洪水が来ることを教えた。兄妹は野ネズミに教えられたとおり、大木を切り出し、穴を開けて入り、蝋で中からふたをした。野ネズミの教えたとおり大洪水が来た。水が引いたあと、二人は穴から出て、これから別々の道を行き、お互い最初にあった人と夫婦になろうと約束した。しかし、兄妹以外に誰にも会うことが無く、二人は落胆した。それを見て鴻が、人は死に絶えてしまい、もはや二人の他に生きている人なんていないと告げた。兄妹は夫婦となり、生まれたのは2つのザボンの実（?）だった。奇妙に思って、台所に実をつるしていたが、ある時妹が米を搗いていて、うっかり実を一つ落っことした。割れて出てきたのが、ターイ、ルー、ラオであった。残った実

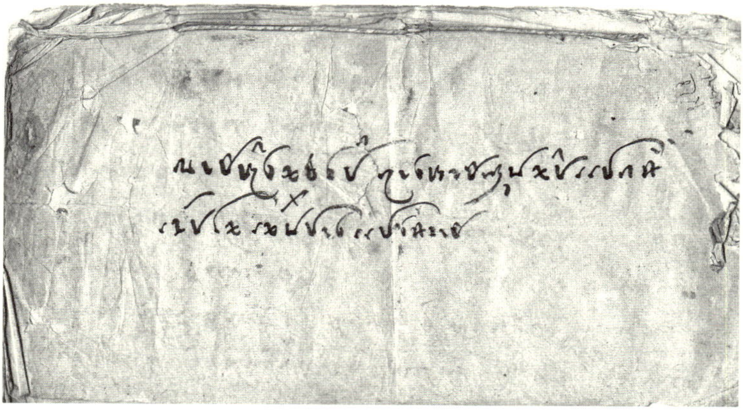

ムオン・ムアッ首領一族の家霊簿（カム・チョン所蔵）。二〇世紀初頭に記された家霊簿で、祖先祭祀の際に用いる。

を、妹が火のついた薪で突いてみると、カーンが出てきた。だからカーンは他の人々よりも色が黒い［Vương Hoàng Tuyên　1963：46］。

一方、ラオスのコムー（カムー）の類似の伝承は、細部が異なる。妹が生むのはザボンではなく赤いカボチャであり、最初に熱した鉄棒で突いた穴から出てきたのがコムーで、他の小さい穴からラオス人、ベトナム人、中国人がでてきた。だから、コムーは他の民族の兄に当たり、色が黒いのだという［スックサワン　2005：179］。

## 24. カム・タンの死

チャウ・カム・タンは、勇将カム・タンのことである。ラン・チュオンを守るために、ダー河沿いのヴァン・ドイ（現ソンラー省ムオンラー県ムオン・ブー社）におけるクン・クアンとの戦闘で殉死した。彼の軍功に因んで、後にムオン・ムアッ、ムオン・ラーの行政組織「長老会」の礼部に、首領の霊魂を守り、首領の家霊簿（系譜文書）を守る役職オン・プー・チャウ・カム・タン（ムオン・ムオイではオン・プー・チャウ）が設けられた。

カム・タンは首領の家霊簿を管理し、首領の死を確認し、司祭モ・ムオンに知らせる役割を担う役職者であった。カム・タンの知らせをうけて、司祭モ・ムオンが人々に首領の死を公示した。

パット・トン（トゥアンザオ、一九九七年一一月）
昼食と夕食の前に、まず祖先にお供えしてから、
家族が食事する。

カム・タンは首領が亡くなってはじめて首領の家に行くならわしなので、カム・タンと首領がふだん顔を合わせるのは縁起が悪かった。今日でも以下のような言い回しに名残がある。「イヤな奴に会っちゃった！（*căm tang cắp chá hưỡn còn lễ!*：カム・タンとチャー・フオンが会っちゃった！)」チャー・フオンは首領の魂を守護する「礼部」の役職者なので【☞コラム 27】ここでは首領のメタファーである［樫永　2001：321、344-345；樫永　2009：174］。

## 25. 家内祭祀パット・トン

黒タイは上座仏教を受容していない。精霊崇拝と結合した祖先祭祀を行い、フィー（*phi*）と呼ばれる精霊が遍在し、亡くなった故人も天界でフィー・フオン（*phi hưỡn*）と呼ばれる家霊（祖霊）になって各世帯の端に設けられた「家霊の間（*clọ hỏng*）」に戻ってくるという観念を持つ。各世帯では、家霊を祀る祭祀を行う。この祭祀の一つが、家族の食事時に「家霊の間」で行うお供えパット・トン（*pạt tổng*）である。パット・トンは、天上世界に昇った故人を飢えさせないために行う、世帯ごとの家内祭祀である。パット・トンを行う日は次のように決まっている。

黒タイは十干に従って日を数えていて、甲（*cáp*）、乙（*hặp*）、丙（*hãi*）、丁（*mỡng*）、戊（*pớc*）、己（*cắt*）、庚（*khốt*）、辛（*hượng*）、壬（*táu*）、癸

ナ・ノイ・オイ・ヌー村（ディエンビエン県ナタウ社、一九九九年八月）。ラオスでは、ラオのみならず、コムーなども自分たちの祖先はナ・ノイ村にいたと伝承している。これはおそらく近年の現象で、国民国家化と関係がある。

(*cá*) という順で日が循環している。ロ・ルオン (*Lõ Luông*)、カム (*Cằm*)、バック・カム (*Bạc Cằm*) などの姓を持つ、ラン・チュオンの父系集団の末裔とされるロ・カム系統の貴族姓の同姓集合の各世帯は、地域に関係なくパット・トンを5日に一度、丙（ハーイ）の日と辛（フオン）の日に行うとした。一方、ロ・カム系統以外の平民姓の同姓集合では、パット・トンは10日に一度である。しかも、同姓集合ごとにパット・トンを行う日が決まっているのではない。草分けを同じくする近隣村落内における同姓集合ごとに、パット・トンを行う日が決まっている［樫永　2009：215-216］。しかし、地域によっては近年パット・トンも行わなくなっている。

## 26. ナ・ノイ村

ナ・ノイ村という名の村は、トゥアンチャウ、トゥアンザオ、ディエンビエンにかけていくつかある。もっとも有名なのは、ラオス建国の神話的祖クン・ボロムの生まれ故郷とされるディエンビエン県ナタウ社にあるナ・ノイ村である。黒タイ語訛音でボロムはボーゾム、すなわち「ゾム川の源」である。ナタウ社ナ・ノイ（・オイ・ヌー）村は、ディエンビエンの盆地を作っているゾム川上流部に位置する。

カム・チョンは、いずれのナ・ノイ村ももともとの住民はタイ・ノイで、世代を経て黒タイに同化したのだろうと推測している。

図表８　ムオン・ムアッ行政組織

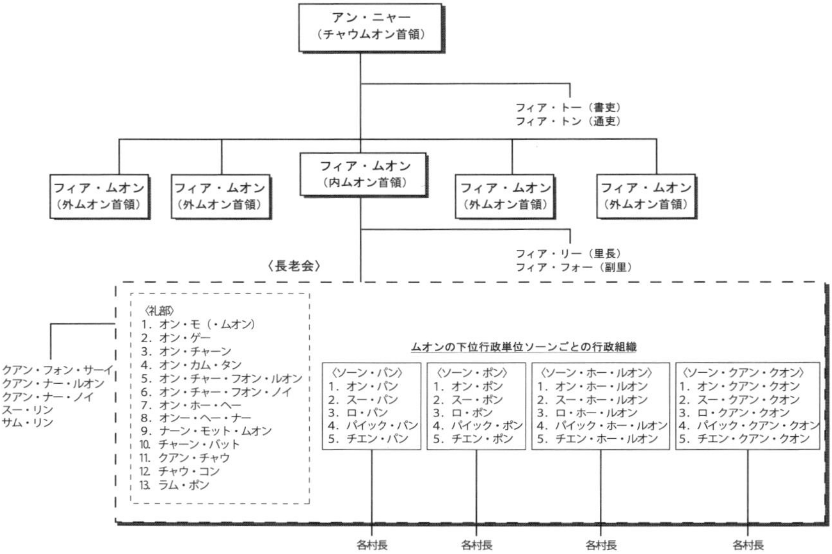


図表９　ムオン・ムオイ行政組織

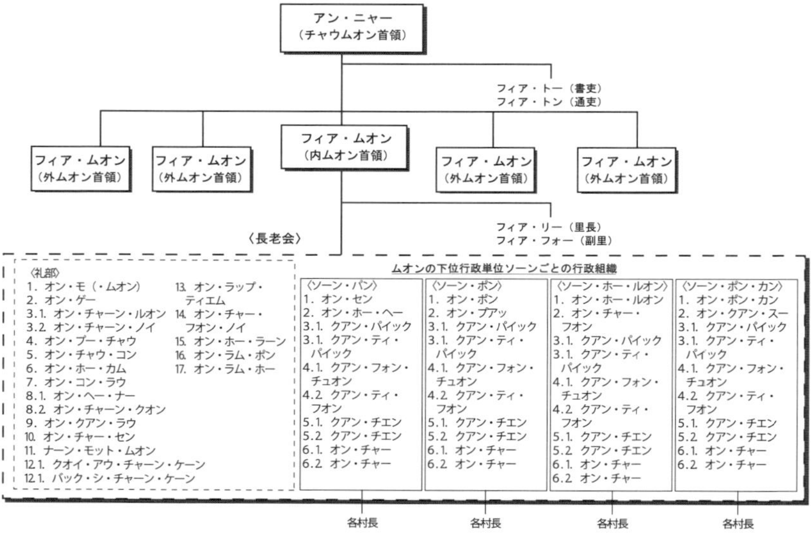

## 27. 植民地期ムオン・ムアッ、ムオン・ムオイ行政組織

植民地期のムオン・ラー（ソンラー）、ムオン・ロ（ギアロ）、ムオン・ムオイ（トゥアンチャウ）、ムオン・ムアッ（マイソン）など、比較的大きなくにはチャウムオンと呼ばれ、その首領はアン・ニャーと呼ばれた。チャウムオンは、政治的中心をなす内ムオン（*mường cuông mường*）と、複数の外ムオン（*mường nọk mường*）というくに（ムオン）の集合からなった。さらに各内ムオンと外ムオンは、複数のソーン（*xổng*）という行政単位に分かれた。それぞれのソーンはたくさんの村（*bản*）からなった。アン・ニャー、および内外ムオンの長たるフィア（*phĩa*）は、ラン・チュオンの末裔とされるロ・カム系統の姓をもつ貴族姓の者がつとめる。

各くにには、宗教と法を司る「礼部」と行政組織「オン・クアン（*ông quan*）」からなる「長老会」が組織されていた。長老会役職者はすべて平民姓の者から選任された。長老会の組織構造も各ムオンにおいてほぼ同型である。ムオン・ムアッ、ムオン・ムオイの行政組織は左頁の通りである［樫永　2009：234‐241］。

## 28. 黒タイの社会階層制

黒タイのくに（ムオン）がロ・カム系統の同姓集合を頂点として、他の多くのタイ系民族の社会と同様に「貴族／平民／半隷属民や奴隷」からなる階層構造を持つことは、古くから報告されてきた［cf. Lunet de Lajonquière　1906：178‐180；Maspéro　1916, 1929］。くにの盆地内の田地はすべて貴族層に帰属するとされ、田地の所有・分配と社会階層の間には次のような関係があった［Bùi Vặn Tịnh *et. al*　1975：111‐118］。

くに内部の田は、すべてムオン貴族層の管理権下におかれた公田である。慣習に従って、公田は主に以下の3種に分類される。

① 職田（*nã bót*）：首領から各役職者に分配される田。

② 負担田（*nã háp bék*）：田の分給を受ける条件を持つ各人に分給される田で、納税と、村やムオンへの徭役労働等の義務を負う。

③「くにの田」（*nã nả háy hãng mường*）：首領たちが居住している国の中心村（チエン）にある田。

これら２種の公田の分配に対応して支配階層と被支配階層の２層に分かれ、被支配階層はさらに細かく分化している。

① 支配階層：貴族出自の姓の人と、平民出自の姓ではあるが「長老会」の役職者

・職田を分給され、納税と、村やくにへの徭役労働等の義務を免れられる。

② 被支配階層

a）自由農民（*pò háp mè bék*）：パイ（*pày*）

・負担田を担当し、田地税を納める。

・「くにの田」を耕作する義務を負うが、「徭役労働代納米（*khẩu chạn*）」として籾税に換えることもできる。

・「くにの労働」に参加する義務を負う。

・貴族へ貴重な収穫の産物（果実、蜂、鹿のもも肉、熊の胆汁など）を収める義務を負う。

b）半隷属民：クオン（*cuông*）、ニョック（*nhốc*）、プアッ（*puạk*）またはプアッ・パーイ（*puạk pai*）（なお、プアッとはムオン・ムアッの先住民の呼称で、ムオン・ムアッでは半隷属民の身分呼称でもある。）

・貴族の負担田の何割かの耕作を請け負う。

・貴族の家族のために畑作をするほか、家屋の修繕補修、接客の際の肉、米、酒の準備を担当する。

・貴族へ貴重な収穫の産物（果実、蜂、鹿のもも肉、熊の胆汁など）を収める義務を負う。

・さらに自分たちの負担田を担当し、田地税を納める。

c）家内奴隷：コン・フオン（*cỗn hưỡn*）

・もっぱら主人のために仕え、衣食は主人に保証される。罪人や負債を抱えてこの身分に身を落とした者たちで、売買の対象となる。

## 29. 20世紀初頭のムオン・ムアッ中心部

盆地中央部にカム・オアイが、行政の中心地チエン・ゾン（*Chiềng Dong*）を作った。チエン・ゾンにはカム・オアイの館を中心に、各支配

ムオン・ムアッの「くにの大池」（マイソン県チエンマイ社、二〇〇二年一〇月）。竜を祀っていて、かつてはくにの祭礼が行われた。

ムオン・ムアッの「くにの堰」（二〇〇七年九月）。盆地の灌漑の要であり、黒水牛を供犠してくにの祭礼を開催した。

ムオン・ムアッのポム・ミン・ムオンの山（二〇〇七年一二月）。カム・オアイの代まで、この山の麓に「くにの柱」が立てられていた。

図表10　ムオン・ムアッの盆地空間の配置（[樫永 2009:258] より）

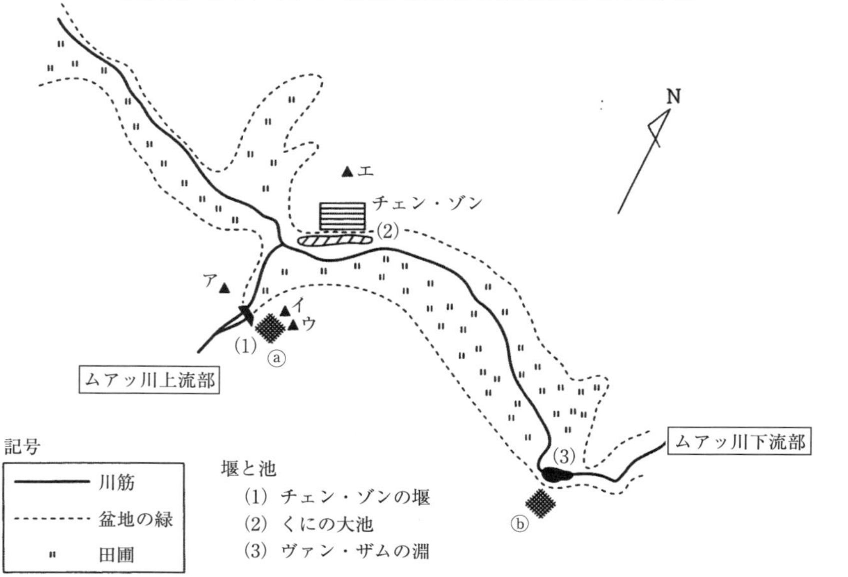


▲山　ア．ポン・ミン・ムオンの山
イ．ファー・ピンの山：ファー・ヴィーの手前にある低い山
ウ．ファー・ヴィーの山
エ．ファー・ゼットの山
かつて、カム・オアイはこの山の上で野生動物を保護したという。
タム・ムーの洞窟は、この山のふもとにある。

◆森　ⓐドン・カムの森
ⓑドン・メットの森

階層の家屋が3列に並んでいた。その前には「くにの大池」があり、水の精霊を祀る祭祀を行った。チエンの上手には、扇状地上流部に「ムオンの堰」であるチエン・ゾンの堰（*phai Chiềng Dong*）があり、そこから盆地全体を灌漑する水路が築かれている。川の右にポム・ミン・ムオンというムオンの精霊を祀る山、左にはドン・カム（*Đông Cẳm*）という禁忌の森がある。一方、チエン下手には、ファー・パー（*phá pa*）という魚取りの娯楽的行事を開催するヴァン・ザム（*vẵng dăm*）という淵、その横にはドン・メットの森（*Đông Mệt*）という立ち入りを禁忌された森があった［樫永 2009：258］。

チエン・ゾンは、その後チエン・バーン（*Chiễng Báng*）に名前を変え、

ポム・カウ・トゥの丘（トゥアンチャウ、二〇〇二年一一月）。現在のトゥンチャウ県人民委員会の裏手にある。かつてアム・ポイの居城があったとされる。

1945年の8月革命以降、マイソンのマイと、北タイのチエンマイのマイとをかけて、チエンマイと改称された。現在マイソン県チエンマイ社（xã chiềng Mai）にあたる。

## 30. アム・ポイを謀殺

アム・ポイに関する伝承はカダイ語系ラハの間でも伝えられ、彼らはクン・ブン・ポイ・カライ（*Khun Bun Pọi Clải*）と呼んでいる。アム・ポイは黒タイによる呼称である。

アム・ポイ征圧をめぐる黒タイの伝承は、トゥアンチャウとディエンビエンで異なっている。トゥアンチャウでは、槍棚にあらかじめ細工しておいて、酒宴の席でアム・ポイ側の人々が酔っぱらったのを見計らって、武器をすべて天井に吊しあげてしまい、敵を丸腰にしてアム・ポイを刺し殺したと語られる。一方、ディエンビエンでは、アム・ポイの娘オック・ハーン（*Ốc Hãng*）との婚礼にアム・ポイを招き、その宴席で殺したと語られる。オック・ハーンは我が父が殺される様子を見て、ことばを失った。その夜、オック・ハーンが「姻族を不幸にしては浮かばれない（*dệt báp lũng báp ta báu mả*）」と一言のみ恨みを語ったという哀話がある。

ディエンビエンフーA1の丘。ディエンビエンフーの戦い（一九五四）におけるフランス最後の砦の歴史遺跡として、近年観光地化が進んでいる。写真は、五〇周年記念で整備される前のもの。現在は、一九五四年の戦闘イメージをかき立てるような整備が進んでいる。

## 31. ムオン・タインの空間配置

ムオン・タインは、現ディエンビエン省（人口約44万）のディエンビエン県にあり、メコン水系ゾム川がなす山間盆地（標高約500m）である。18世紀のベトナム王朝側の記録にある「茫青（マンタイン）」は、黒タイ語呼称ムアン・タインに対する当て字である。

ムオン・タインは、上ムオン・タイン（*Mường Thanh nưa*）と下ムオン・タイン（*Mường Thanh tảư*）に分かれる。上と下はディエンビエン県ノーンヘット社（xã Noong Hẹt）にあるフー村（*bản Phủ*）を境界に分かれている。

現在の省都ディエンビエンフーは、ベトナム阮朝紹治帝が1841年に西方辺境防衛と開発の拠点として設置した奠辺府（ディエンビエンフー）に由来する。南シナ海へと注ぐダー河、マー川上流部にも近接するため、雲南省、ルアンパバン、ハノイからの交通・交易の要衝として栄えた。ラオ族最古の伝承集『クン・ブーロム（クン・ボロム）年代記』によれば、ラーンサーン王国を14世紀頃に開いたファーグム王はムアン・タイン出身のクン・ボロム、クン・ロー父子の血を引く。またラン・チュオンが、最終的に安住したのがムアン・タインである。ラン・チュオン居城に因む「ラン・チュオンの丘」こそ、第1次インドシナ戦争（1946-1954）の最大かつ最後の「ディエンビエンフーの戦い」で、フランスが完全降伏した要塞「A1の丘」である。

ディエンビエンフー市内では、1960年代以降のキン族入植者が今や多

黒タイの伝統衣装（ソンラー、一九九五年八月）。左の男性が頭に巻いているのがパウ。

ピョウを被って市場に商売に行く女性たち（二〇〇八年四月）。こういう大きな刺繍柄は、イエンチャウから広まった。

数を占める。山地と低地、少数民族とキン族の経済・教育格差是正のため、付近では急速にインフラ整備や経済開発が進んでいる［樫永 2008b：286］。

## 32. 頭　衣

伝統的に、女性はピョウ（*piêu*）という刺繍で装飾された頭衣を、男性はパウ（*pãu*）という装飾のない頭衣を被っていた。現在、パウを日常的に被っている男性はきわめてまれだが、ピョウは今でも日常的に愛用され

紅河とダー河の合流点のヴィエトチ付近（フートー省、二〇〇五年五月）。年代記『クアム・トー・ムオン』の冒頭にも、この地が登場する。ダー河、紅河は、塩をはじめとする物流の大動脈であった。

ている。

ピョウとは、黒タイ女性が被る藍染の木綿布に装飾を施した頭巾のことである。長さ約1.6メートル（1ヴァー：1尋《ヒロ》）、幅約0.45メートル（1ソッ：肘から指の先まで）の平織り木綿織布を黒に近い濃紺に染色し、両端約0.40メートル四方の位置には色鮮やかな刺繍、またその縁にはコッ・ピョウという縁取りの布やクッ・ピョウという球状の飾りで装飾が施されている。

ピョウは、黒タイを視覚的に表象する代表的な装飾の一つである。ピョウの刺繍による図柄には地域差があるが、1960年頃までイエンチャウに固有のピョウの図柄が、現在では各地に広がっている。

ピョウという黒タイ語自体が、モン・クメール系の頭衣を意味することばに由来するらしい。そこからカム・チョンは、もともとピョウを被るのはサーの州官だったのではないかと推測している。

## 33. ターイの4大美食

ターイの4大美食に数えられるのが、ケー［ベトナム語名 cá chiên、ナマズ目シソル上科シソル科の魚］の卵、水牛の胞衣《えな》、山羊の子宮、ハリネズミの生ラープ（*xáy khẻ, hộk quãi, hãi bẻ, hon hắm*）である。ケーは、デ

トゥアンザオ県ムオンアン社の盆地（一九九八年八月）。現在は商品作物を栽培する農場が開け、コーヒー栽培もが盛んである。

ルタ近郊ではヴィエトチ付近が有名な大型魚で、ベトナム王朝では皇帝への献上品であった。ホーチミン主席がフートー省人民委員会の招待ではじめてこの魚を食べて、美味に感動した。そのとき、この魚を皇帝にかつて献上していたことを知り、「この魚を献上する勅令は廃止する」と一筆贈ったという逸話がある。

## 34. ラン・チュオンによるルオン・クン征伐

チョン高原付近を占めていたルオン・クンを、ラン・チュオンは降伏させたが、その後勢力を盛り返したルオン・クンの軍勢にラン・チュオンは急襲され、ラオス側まで追われる。しかし、現フアパン県付近を行軍している間に、ルオン・クンはディエンビエン（ムオン・タイン）で現地の首領に討たれる。その知らせを受けたラン・チュオンは、ディエンビエンへと軍を進める。カム・チョンによると、ディエンビエンへの行路は次のように伝承されている。

まず、ムオン・クアイ（トゥアンザオ）、ムオン・フアッ（トゥアンザオ県チエンシン社）、ムオン・アン（*Mường Ẳng*）［トゥアンザオ県ムオンアン社］に戻った。次いで、ムオン・ラン（*Mường Lằng*）［トゥアンザオ県ムオンダン社（xã Mường Đăng）］からケオ・ソイ・ホン・ソットの山（*Kéo xoi hõng xọt*）を越えてディエンビエン県ナタウ社（xã Nà Tấu）にく

籾を運ぶ（トゥアンザオ、一九九七年一一月）。植民地期までは、天秤棒の両端に籠を一つずつかけた一担ぎが、米の量の単位として用いられた。

だり、ムオン・ファン（*Mưỡng Phăng*）［ディエンビエン県ムオンファン社（xã Mường Phăng）］からディエンビエンに至ったという。

## 35. 重量単位

銀の重量単位について、黒タイは次のように定めていた。「1,000 フォン（*phôn*）=100 バック（*bắc*）=10 ビア（*bỉa*）=1 ポン（*pông*）」であり、6 ビアが 1kg に相当する。つまり、1 ビア =0.167kg、1 ポン =1.67kg である。

動物などの重量は、次の通りであった。1 トン（*tớn*）=10 タ（*tạ*）=100 イエン（*yển*）=1,000 コン（*cơn*）=10,000 ビア（*bỉa*）である。各重量単位の名称はベトナム語と同じである。しかし、現在、一般的にベトナムでは 1 コン =1kg であるが、黒タイ、白タイの各市場では 6 ビア =1kg で、ターイの 1 ビア =0.167kg、1 コン =1.67kg、同様に 1 タ =167kg であった［樫永　2001：341］。

## 36. 墓　域

黒タイの遺体を葬る墓域は、パー・ヘオ（*pá hèo*）と呼ばれ、村はずれの林野にある。村ごとに決まった墓域に、死者は葬る。社会主義化以前、パー・ヘオ内は 3 つに区切られていた。①正常死した人を葬る場所

御霊屋の前に置かれたコ・ヘオの幟（ギアロ、二〇〇六年一一月）

御霊屋の前に置かれたコ・チャオ・ファの幟（ギアロ、二〇〇六年一一月）

墓域に運ばれていく供犠された水牛の頭（イエンチャウ、二〇〇六年五月）

（*pá hèo cỗn đip*）、②事故死、病死など異常死した人を葬る場所（*pá hèo phi pãi*）、③13歳以下でなくなった人を葬る場所（*pá hèo phi cướt*）の3つである。②③に葬られた人々は、天上世界（*mưỡng phạ*）には昇れない。

ソンラー市のカー村のように、首領一族の村のパー・ヘオでは、①の中でも、姓ごとに空間が区別されていた。

葬った場所には、御霊屋を建て、中には茶碗その他、故人が生前日常的に用いていた持ち物を置く。御霊屋の横には、コ・ヘオの幟をたてる。亡くなったのが男性の場合、コ・チャオ・ファの幟もたてる。幟の元に供犠した水牛の頭を置くのは、天上世界で故人のために水牛が生産労働を行うからである。

図表11　ラン・チュオンからタオ・チョンまでの系図

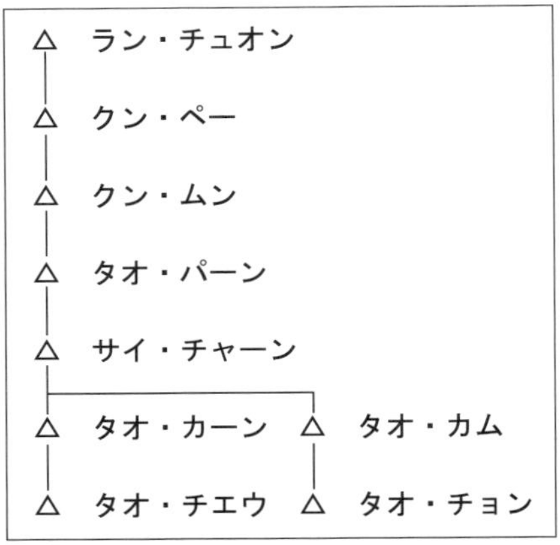


## 37. タオ・カム、タオ・カーン共同統治後の後継者争い

ルオン・ヴァン・ティックによるムオン・ムオイの『クアム・トー・ムオン』には、サイ・チャーンとタオ・パーン没後の後継者争いについて、次のように記されている。

> サイ・チャーンも妻をめとって、タオ・カーン、タオ・カムという名の子を得た。この２人は父を同じくする兄弟であった。タオ・パーンも死に、それからタオ・カーンも妻をめとって、タオ・チエウという名の子を得た。彼はタオ・カムとは叔父と甥の間柄である。弟のタオ・カムは、カム（*nãng Cằm*）という名の妻をめとってタオ・チョン（*Tạo Chông*）という名の子を得た。
>
> サイ・チャーンが死ぬと、タオ・カーン、タオ・カムの２兄弟でムオン・タインを食邑した。タオ・カーンも死ぬと、叔父と甥の間柄であるタオ・カムとタオ・チエウが仲違いした。そこでタオ・チエウはムオン・ライへと去った。そして、オン・チョム（*Ông Chộm*）、オン・チュオイ（*Ông Chưỡi*）、ラン・ラッ（*Lan Lạk*）、ロム・ライン（*pú chẩu Lỗm Lạnh*）という４子を得た。こうしてタオ・カムがかつてのようにムオン・タインを食邑することになった［樫永　2003：174］。

この記述に基づくと、図表11のような系譜関係となり、たしかにタオ・

トゥアンチャウ県ムオイノイ社（二〇〇二年一一月）。植民地期まで、ムオン・ムオイのローンであった。水田面積は狭く、現在ではコーヒー栽培を広く導入している。

カムとタオ・チエウは叔父と甥の関係である。しかし、写本によってはタオ・カーンとタオ・カムの兄弟関係が入れ替わっている。

## 38. 山間僻地のくに

山間僻地の谷間や狭い盆地に形成されるくには、ムオンとは呼ばれず、クエンやローンと呼ばれる。ムオン・ムアッの慣習法文書では、以下のようにクエン、ローンを定義している。

> 30戸から40戸以上をもつ大きな村、あるいは狭間の沢の中に3、4の小村の集合があれば、クエンまたはクエン・バーンやムオン・クエンと呼ぶ。クエンの長をつとめる者は、タオ・クエンと呼ばれる。貴族がタオ・クエンをつとめるという規定もあるが、もし貴族がいなければ平民がつとめてもいい。ムオン・ムアッでは、どのタオ・クエンも平民がつとめている。
>
> 50戸から60戸を数える大きな村があるところ、あるいは小さな村が寄り集まっている盆地がローン（*Lộng*）である。ローンの長をつとめる者を、タオ・ローン、またはフィアやフィア・ムオン・ローンと呼ぶ。慣習ではタオ・ローン（フィア・ムオン・ローン）は、貴族姓の者がつとめる。

## 39. くにの柱

カム・チョンは「くにの柱」を以下のように解説している。

かつて、黒タイも白タイもそれぞれのムオンの中心、首領の居城がある村（チエン）に柱を立てる習慣があった。その柱は「くにの柱（*lắc mường*）」と呼ばれたが、その柱の打ち込み方は以下２方向に分化した。よく知られているのは、おそらくは四鉄（tứ thiết）[2] の類の硬木の芯を取りだし、山刀や斧で削って作った柱を、ムオンの「不動の礎」として選定された山麓の開けたところに埋める。そこは「ネン・ムオン（*nèn mường*）またはミン・ムオン（*mình mường*）の山」と呼ばれる。一方、この方法で柱を埋めないくにもある。まず、長さ30センチくらいの木切れを４つ、柱の形に削ってくにの祭礼（セン・ムオン）の際に盆に添える。祈祷が終わった後、司祭モ・ムオン（*mo mường*）がチエンの四隅に密かにこれらを埋めるつとめを果たす。密かにやり遂げる必要があるのは、邪悪なものに知られて、くにの柱を掘り当てられて粉々にされたりすると、くにの主およびムオンの霊が病死したり、くにが荒廃するからである。この習慣は、祖先が新天地として拓く土地を探して長征しなければならなかった遠い昔にまで遡る。新開地では、親族集団の長をなす人が必ず「根を掴み服を吊す（*tók lắc xắc xửa*）」と称する儀礼を催す。これは水牛を屠して土地の神霊に祈る儀礼であり、くにの柱を立て、これが居住民の土地所有権を画定する記号とみなされる。この習慣は、紅河の支流であるロ川（song Lô）、チャイ川（song Chảy）に居住するタイー（Tày）の伝説にも現在まで伝わっている。より広い視野の研究に立てば、おそらくこの習慣は東南アジアにあるタイ系文化の特徴を示している。タイ王国の首都バンコクに、「ラック・ムオン（くにの柱）」と呼ばれるコンクリート製できらびやかな装飾が施された柱が高くそびえていることに、我々は驚かない。ここから推測するに、「くにに柱を立てること」は、表現こそ違え、同じ文化的モチーフとして現在までさまざまな様式で存在し続けている。紅河の支流ロ川、チャイ川流域に伝説として伝わる形態のものから、ターイの各ムオンの起源と関わる醇朴で簡素

ソンラーの「ムオンの大池」からポム・ミン・ムオンを望む（二〇〇二年一一月）。二〇世紀半ばまで、このポム・ミン・ムオンの麓に「くにの柱」が立てられていた。

一九五三年にカム・チョンがギアロで見た「くにの柱」は、このイラストのような形状であったという。木製で、一番上には「ツバメの尻尾の彫刻」と呼ばれる三日月型の飾りがついていた。

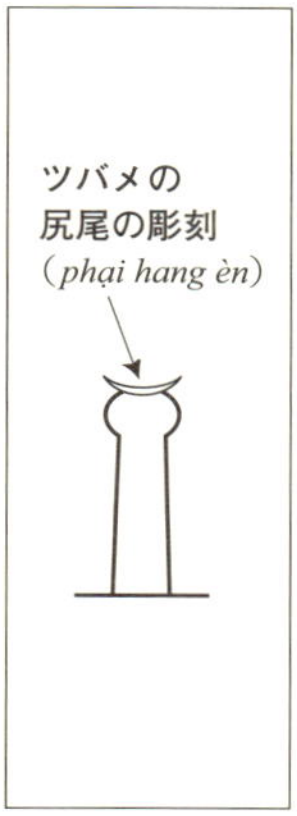


森の精霊（フィー・パー）の髪の毛（トゥアンザオ、一九九八年一一月）。女性呪術師が、森の中で、森の精霊から譲り受けたという。

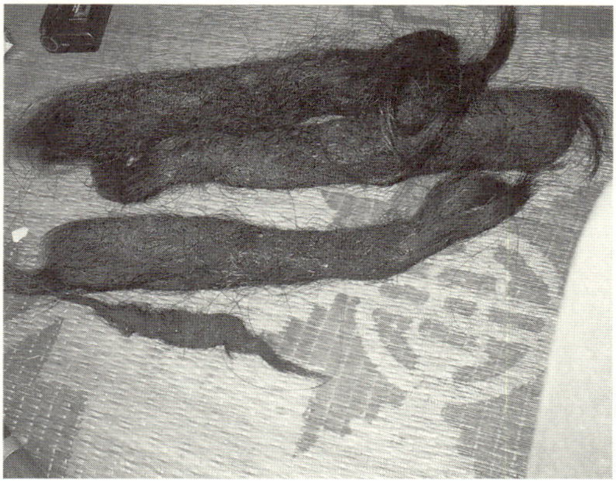

呪具を置いて儀礼を行う呪術師たち（トゥアンザオ、一九九八年一一月）

な形態のものが、タイ王国で発展を遂げた。この習慣は東南アジア各地にみられる[3]［樫永　2002b：388-389］。

## 40. お守り袋

お守り袋（*thong xư xanh*）には、中に玉（*khụt*）、透明な石（*dán xaư*）、ブタの牙（*nanh mu*）、森の精霊の髪（*chọng phi pá*）などが入っている。戦争に行く時にもこれを身につけていると、敵の弾丸に当たらないと言われた。これらの呪具は、現在でも呪術師が保持し、祈禱などで用いている。

接客時の食卓（トゥアンチャウ、二〇〇二年一一月）。正面向こう側に二つ並んでいる杯がラウ・サイン。

## 41. 2つの親族集団ールン・ターとニン・サオ

タイ語では、婚姻によって結合した2つの親族集団の関係を示す民俗概念が、ルン・ター（*lũng ta*）とニン・サオ（*nhĩnh xao*）である。レヴィ・ストロース流に婚姻を2つの親族集団間の女性の交換にたとえるならば、女性を与える側の親族集団がルン・ター、女性を受け取る側の親族集団がニン・サオである。黒タイの村の人々は誰が自分にとってルン・ターであり、ニン・サオであるかをかなり明確に理解している。しかもこのルン・ターとニン・サオの間には象徴的なヒエラルキーがあり、つねにルン・ターはニン・サオより上位に立つべきという規範が浸透している。

具体的には、次のような習慣で、両者の不均衡関係が村落で表現される。たとえば、ルン・ターにあたる人の訪問を受けると、酒と豚肉か鶏肉、なければ鶏卵か魚肉でもてなす規範がある。宴席ではかならず訪問を受けた家族の代表とルン・ターの代表が隣り合わせに座り、両者の間にはラウ・サイン（*lảu xãnh*）という酒杯が二つ並べられる。ラウ・サインは出席者のだれかが口をつける杯ではない。二つの杯の意味は、一方がルン・ター側の家霊をもてなすため、一方がその家の家霊をもてなすためとされる。また、婚姻や各種宗教的儀礼があり、宴会を開催する際には、かならずルン・ターを招いて上座でもてなす。婚姻や家の建築など、家族にとって重要な決めごとをする際には、母の兄弟にあたるルン・ター・ルオン（*lũng ta luông*）の意見を聞くことなしにはできない。ルン・タ

リュウキュウ藍（トゥアンザオ、一九九九年八月）

インド藍（トゥアンザオ、一九九八年一〇月）

ー・ルオンは、「天空のルン・ター」と訳せるルン・ター・ファー・ボム（*lũng ta phạ bóm*）とも呼ばれ、ルン・ターの中でももっとも尊重されるべき存在とされる。このことは「妻の兄は空、妻の弟は天（*Pì lũng ta phạ nọng nạ then*）」という成句でもってしばしば表現される［樫永　2009：162－163］。

## 42. 藍染め

黒タイの村では、リュウキュウ藍（*co hởm*）［学名 *Strobilanthes cusia*、ベトナム語名 cây chàm trâu］を、インド藍（*co cham*）［学名 *Indigofera suffruticosa*、ベトナム語名 cây chàm］とともによく藍染めに用いる。藍染めの手順は次の通りである。

① 媒染剤である灰汁を作る。灰汁は、囲炉裏の灰を濾過して作る。

② 沈殿藍を作る。

1. 甕にリュウキュウ藍かインド藍の草と水を入れ、よく揉む。
2. 2日後の葉を捨てる。
3. 石灰を約150グラム加えて約30分、柄杓で掬いながら混ぜる。
4. 10時間後まだ上澄みができていなければ、果物の葉を煮て甕に注ぎ、2~3時間まつ。もし上澄みができていれば、上澄みのみ捨てる。

灰汁作り（トゥアンザオ、一九九八年一〇月）

藍立て（トゥアンザオ、一九九八年一〇月）

保管の仕方は簡単で、4~5ヵ月はもつ。古くなったら甕の上に目の細かい網をかぶせ、上から覗いてみて、目の一つ一つがはっきり見えたら、まだ使えるという。

③ 染色液の調合

灰汁と沈殿藍をあわせて、1日に1回ずつ5日ほど攪拌し、藍立てをする。手につけてみて、藍色ならまだで、黒ければ出来ている。これに布を浸けて、干す。

ソメノイモ（トゥアンザオ、一九九九年一月）

ラン・チュオンの末裔であるロ・カム系統の姓の者たちは、この鳥タン・ロを食べるのがタブー（トゥアンザオ、一九九九年一〇月）。

## 43. ソメノイモ

ソメノイモの木は、森にも自生している。ソメノイモ（*mák bau*）［ベトナム語名 củ nấu］を、黒タイは藍染めにも用いる。また、キン族が服を茶色く染織するのに伝統的に用いてきた。

## 44. クアン姓のシン（同姓集合）

黒タイの間では父系理念が強く認識されている。父系的に継承される姓はシン（*xính*）と呼ばれ、その姓を同じくする人々もシン（*xính*）と称される。従来の研究ではシンは父系出自集団として見なされがちであった。しかし、シンは成員の忌祭などを組織する行為集団ではない。シンごとの規範といえば、シンごとに食物禁忌の慣行が20世紀初頭まであったこと（クアン姓は虎を、ロ・カム系統の姓はタン・ロという鳥を食するのがタブーなど）、1954年に始まる社会主義化以前、ラン・チュオンの系譜につながるロ・カム（*Lõ Cằm*）系統の貴族出自の同姓集合の者【☞コラム25】と、平民出自のシンのうちクアン姓（*Quãng*）の者との通婚が規制されていた［Maspéro　1916］。この通婚規制は、クアン姓の出自をたどればサーだという理由による［Lafont　1955］。諺にも、「サーと交わるのはサルと寝るのと同じ。サーの姓はクアン（*xỉ xả pạ lĩnh, xính vả xả Quãng*）」とある。しかし、実際には、黒タイの英雄祖先ロ・レット（［図表2］中の12）の母はサーであったことが知られる。

注

1　2007年6月29日、カム・チョンから聞いた。

2　Đinh（マクハミア属の *Markhamia Stipulata*）、lim（格木、学名 *Erythrophloeum fordii*）、sến（紫荊木アカテツ科マフアー属の *Madhuca pasquieri* や *Shorea* 属の樹種）、táu（フタバガキ科 *Vatica* 属の樹種）と呼ばれる樹木をさす。いずれも良質な硬木であり、築材として好まれる。

3　カム・チョンによる原注の拙訳を一部修正。

# 引用文献


樫永真佐夫

（2000）「市場経済の中の伝統染織物生産—ベトナム黒タイ村落の事例」『民族学研究』65-3、101-116 頁

（2001）「資料：ムオン・ムアッの黒タイ慣習法」ベトナム社会文化研究会編『ベトナムの社会と文化』３、風響社、284-351 頁

（2002a）「黒タイの伝統的政治体系—ベトナム、ギアロ調査より」『民博通信』95、59-76 頁

（2002b）「ムオン・ムオイの黒タイ慣習法について」『国立民族学博物館研究報告』26-3、361-447 頁

（2003）「（注釈）クアム・トー・ムオン—ムオン・ムオイの黒タイ年代記」ベトナム社会文化研究会編『ベトナムの社会と文化』4、風響社、163-243 頁

（2007）『東南アジア年代記の世界—黒タイの«クアム・トー・ムオン»』風響社

（2008a）「黒タイの蚊帳」『月刊みんぱく』７月号、11 頁

（2008b）「ディエンビエンフー」桃木至朗他編『（新版）東南アジアを知る事典』（石井米雄他監修）平凡社、286 頁

（2009）『ベトナム黒タイの祖先祭祀—家霊簿と系譜認識をめぐる民族誌』風響社

（2010）「ベトナムにおける黒タイの文字文化」『明日の東洋学』（東京大学東洋文化研究所東洋学研究情報センター報）22、1-5 頁

新谷忠彦

（2008）『東京外国語大学アジア・アフリカ言語文化研究所叢書　知られざるアジアの言語文化〈1〉タイ族が語る歴史—センウィー王統紀」「ウンポン・スィーポ王統紀」』雄山閣

スックサワン・シーマナ

（2005）「カム—森の生活　ラオスの先住民」（吉田香世子編訳）綾

部恒雄監修、林　行夫・合田　濤編『講座世界の先住民族ファースト・ピープルズの現在２―東南アジア』明石書店、175-198 頁

ダニエルス、クリスチャン

（2002）「（東南アジアと東アジアの境界）タイ文化圏の歴史から」中見立夫編『（アジア理解講座一）境界を越えて―東アジアの周辺から』山川出版社、137-189 頁

（2004）「タイ族は国王の系譜をかく描けり―ハーイ・ロンに対する歴史記憶」『アジア遊学（特集：族譜―家系と伝説）』67、52-71 頁

Bạc Cầm Đậu

（2002） "Lễ hội xên mường" của hai dân tộc Thái và Lào ở huyện Sông Mã- tỉnh Sơn La, Chương trình Thái học Việt Nam (biên soạn), *Văn hoá và lịch sử các dân tộc trong nhóm ngôn ngữ Thái Việt Nam.* Hà Nội: Nxb Văn hoả Thông tin. Trang 548-559

Bùi Văn Tịnh, Cầm Trọng, Nguyễn Hữu Ưng

（1975） *Các tộc người ở Tây Bắc Việt Nam,* Ban Dân tộc Tây bắc Xuất bản.

Cầm Cương

（1993） *Tìm hiểu văn hoá Thái ở Việt Nam,* Hà Nội: Nxb Khoa học Xã hộ

Cầm Ngoan

（1998） Đề cương về tang lễ của dân tộc Thái, Chương trình Thái học Việt Nam (biên soạn), *Văn hoá và lịch sử người Thái ở Việt Nam,* Hà Nội: Nxb Văn hoá Dân tọc. Trang 615-618

Cầm Trọng

（1978） *Người Thái ở Tây Bắc Việt Nam,* Hà Nội: Nxb Khoa học xã hội.

Cầm Trọng và Cầm Quynh

（1960） *Quắm Tố Mướn (Kể chuyện bản mường)*, Hà Nội: Nxb Sư học.

Cầm Trọng và Kashinaga Masao

（2003） *Danh sách tổ tiến họ Lò Cầm Mai Sơn-Sơn La,* Hà Nội: Nxb Thế giới

Cầm Trọng và Phan Hữu Dạt

(1995) *Văn hoá Thái Việt Nam,* Hà Nội: Nxb Văn hoá Dăn tộc.

Dang, Nghiem Van

(1974) Kho Mu in Viet Nam, *Vietnamese Studies* (*Ethnographical Data vol. 2*) 36: 62-140

Đặng Nghiên Vạn

(1972) *Những nhóm dân tộc thuộc ngữ hệ Nam Á ở Tây Bắc Việt Nam.* Hà Nội: Nhà xuất bản Khoa học xã hội.

Đặng Nghiên Vạn (chủ biên), Cầm Trọng, Khà Văn Kiến Tòng Kim Ăn

(1977) *Tư liệu về lịch sử xã hội dân tộc Thái,* Hà Nội: Nxb Khoa học xã hội.

Diguet, Edouard

(1895) *Étude de la Langue Taï,* Hanoi: F.-H. Schneider Imprimeur Éditeur.

Hoàng Trần Nghịch

(1998) Nỗi vấn vương về kho sách chữ Thái cổ, Hội văn nghộ dân gian Việt Nam (biên soạn), *Giữ gìn và phá huy tài sản văn hoá các dân tộc ở Tây Bắc và Tây Nguyên.* Hà Nội: Nxb Khoa học xã hội. Trang 188-194

Hoàng Trần Nghịch và Tòng Kim Án (biên soạn)

(1990) *Tư Điển Thá-Việt. Hà Nội*: Nxb Khoa học xã hội.

Lafont, Pierre-Bernard

(1955) Notes sur les familles patronymiques Thai Noirs de So'n-la et de Nghia-lo, *Anthropos* 50: 797-809

Lunet de Lajonquière, E.

(1906) *Ethnographie du Tonkin septentrional*, Paris: Leroux

Maspéro, Henri

(1916) De quelques interdits en relation avec les noms de famille chez les Täi-Noirs, *Bulletin de l'Ecole Française d'Extrême-Orient* 16: 29-34

(1929) Mœur et coutumes des population sauvages. Dans Georges Maspéro (ed.), *Un Empire Colonial Français,* L'Indochine (tome I), Paris: G.VanOest. pp.233-255

Nguyễn Thị Hồng Mai

(2003) Cầm Trọng, người được nhận giải thưởng nhà nước năm 2002về công trình người Thái ở Tây Bắc Việt Nam, trong Nguyễn Đức Tồn (chủ biên), *Những cuộc đời-những trang thỏ: kỷ niệm 50 năm thành lập Trung tâm Khoa học Xã hội và Nhân văn Quốc gia (1953-2003)*, Hà Nội: Nxb Khoa học xã hội.

Nguyễn Thị Lâm Hảo

(2006) *Vài nét về Khởi nghĩa Hoàng Công Chất.* Điện Biên: Công Ty TNHH In Điện Biên

Roux, Henri

(1954) *Quelque minorites ethniques du Nord-indochine (France-Asie 94-95)*

Tạp chí Dân tộc học (biên soạn)

(1980) Danh mục các thành phần dân tộc Việt Nam, *Tạp chí Dân tộc học* số 1980 (1) : 78-83.

Vương Hoàng Tuyên

(1963) *Các dân tộc nguồn gốc Nam Á miền Bắc Việt Nam.* Hà Nội: Nxb Giáo dục

Vương Trung

(2003) *Táy Pú Xấc,* Hà Nội: NxbVăn hoá Dăn tộc.

# 民族集団名一覧

| 本文中の名称 | 黒タイ語表記 | 想定される現在の民族呼称 | 言語系統 | 備考 | 本文頁 |
|---|---|---|---|---|---|
| イッ・コン | *Ík cồng* | 不明 | | | 96 |
| イッ・ターイ | *Ík tãi* | 不明 | | | 100 |
| ガー | *Ngạ* | 不明 | | | 70 |
| カーン | | カーン（Kháng） | モン・クメール語系 | | 104・109・122 |
| キン族 | *Keo* | キン族（Kinh, Việt） | ベト・ムオン語系（モン・クメール語系） | | 2・27・37・52・53・102・119・145 |
| ゲー | *Nghẽ* | 不明 | カダイ語系？ | マイソン県ハットロット付近の先住者か？ | 70 |
| コムー | | コムー（Khơ Mú） | モン・クメール語系 | カムーと同じ。サー・カウ、ナー・ゾーイ参照 | 104・117・121・122・123 |
| サー | *Xá* | | | 【☞コラム 1】 | 初出 17 |
| サー・ウオン | *Xá uổng* | ラハ（La Ha） | カダイ語系 | | 88 |
| サー・カー・チャー・サー・カー・チャン | *Xá ca chị xá ca chang* | 不明 | | | 27・58 |
| サー・カウ | *Xá cảu* | コムー | モン・クメール語系 | 黒タイ女性のようにタン・カウという髷を結うために、サー・カウという | 88・104・117 |
| サー・クー・カー・チャー | *Xá cữ cả chạ* | 不明 | | | 70 |
| サー・チー・サー・チャー | *Xá chĩ xá chà* | 不明 | | | 27・58・121 |
| サー・ノイ | *Xá nội* | 不明 | | | 61・111 |
| サー・ロー・リー | *Xá lõ lị* | 不明 | | | 27・37・39 |

| 本文中の名称 | 黒タイ語表記 | 想定される現在の民族呼称 | 言語系統 | 備考 | 本文頁 |
|---|---|---|---|---|---|
| 白タイ | *Tãy Đón* または *Tãy Khao* | ターイ | タイ語系 | | 2・102・117 |
| すけすけの栓を耳たぶにつめたサー | *Xá bóng hiễng hiễng* | 不明 | | | 59 |
| ターイ | | ターイ（Thái） | タイ語系 | | 初出 2 |
| タイー | | タイー（Táy） | タイ語系 | | 2・119・140 |
| タイ・ノイ | *Tãy nọi* | 不明 | タイ語系 | 黒タイに同化したと思われる | 28・31・32・63・64・65・125 |
| ナー・ゾーイ | *Nả dọi* | コムー | モン・クメール語系 | 祖先祭祀のときに、鍋底の煤で顔を黒く線描してトラに似せて装飾する習慣がある | 52 |
| 長袖サー | *Xá xửa khen hĩ* | | チベット・ビルマ語系 | チベット・ビルマ語系の多くの民族 | 27・37・39 |
| マーン | | マーン（Mảng） | モン・クメール語系 | | 110・111 |
| ムオン（族） | *quan lãng* | ムオン（Mường） | ベト・ムオン語系（モン・クメール語系） | 「ラン(lãng)」という地方行政単位の長官（quan）の意味 | 55・102・118 |
| モン（苗） | *mẹo* | モン（Hmông） | モン・ザオ語系 | | 103・110・121 |
| ラオ | *Lão* | ラオ | タイ語系 | ラオスの主要民族 | 31・32・53・72・74・77 |
| ラオ・ニャウ | *Lão nháư* | ラオか？ | タイ語系 | | 89 |
| ラハ | | ラハ（La Ha） | カダイ語 | サー・ウオン参照 | 104・131 |
| ルー | *Lự* | ルー | タイ語系 | | 31・32・89・93・94 |

# 地名一覧

| 地名 | 黒タイ語表記 | 位置 | 本文頁 |
|---|---|---|---|
| エッ・オン | *Ék Ong* | ソンラー省トゥアンチャウ県ムオンエ社(xã Mường E) | 66 |
| オット・ザウ・カウ・フア | *Ót Dẫu Khau Hụ* | ソンラー市フアラー社（xã Hua La） | 61 |
| カウ・カー | *khau Cà* | ソンラー省トゥアンチャウ県ムオンエ社と、ディエンビエン省トゥアンザオ県クアイトー社（xã Quài Tở）の間にある山 | 68 |
| カウ・サーン | *khau Xản* | ラオスにある山の名？ | 74 |
| カウ・トゥ | *khau Tũ* | ソンラー省トゥアンチャウ県トゥアンチャウ中心部 | 63 |
| カウ・ハーン | *khau Hàng* | ソンラー省トゥアンチャウ県ムオンエ社と、ディエンビエン省トゥアンザオ県クアイトー社の間にある山 | 68 |
| ガム川 | *nặm Ngẫm* | ラオス、フアパン県を流れる川か？ | 69 |
| ギム川 | *nặm Ngĩm* | ラオス、フアパン県を流れる川か？ | 69 |
| ギン川 | *nặm Ngĩnh* | 不明 | 73 |
| クエン川 | *nặm Quẽn* | ディエンビエン省トゥアンザオ県チエンシン社（xã Chiềng Sinh) を流れる川？ | 92 |
| ゴイ川 | *nặm Ngõi* | 不明 | 73 |
| ゴン・コン・ボッ村 | *bản Ngõn Con Bók* | 不明 | 96 |
| サム・ムン | *Xam Mứn* | ディエンビエン県サムムン社（xã Sam Mứn） | 86 |
| セー湖 | *nong Xẽ* | 不明 | 36 |
| ダイン村 | *bản Đảnh* | ディエンビエンフー市内ヒン・ダム付近 | 77 |
| タ・チョン高原 | *phiêng Tà Chống* | ソンラー省トゥアンチャウ県トンコー社（xã Tông Cọ）付近の高原。チョン高原と同じ。 | 76 |
| タム・ポンの岩山 | *thăm Póng* | ソンラー市 | 61 |
| チャーン池 | *nong Chạng* | ソンラー省トゥアンチャウ県ムオンエ社にある | 66 |
| チエン・カウ | *bản Chiễng Cẫu* | 不明 | 96 |

| 地名 | 黒タイ語表記 | 位置 | 本文頁 |
|---|---|---|---|
| チエン・カム・トン | *Chiễng Cằm Tồng* | ソンラー市中心部 | 64 |
| チエン川 | *nặm Chiến* | クインニャイ付近でダー河に合流 | 58 |
| チエン・ゾン | *chiễng Dông* | ソンラー省マイソン県チエンマイ社（xã Chiềng Mai） | 64・128・130 |
| チエン・テップ | *chiễng Tép* | チエン・トムと同じ | 65 |
| チエン・トム | *chiễng Tỗm* | 国道6号線のトゥアンチャウ県トンライン社タム村（bản thăm）、トム村（bản Tỗm） | 64・65 |
| チエン・パック | *Chiễng Pớc* | ソンラー省トゥアンチャウ県チエン・パック社（xã Chiềng Pấc） | 62・65 |
| チエン・ムオン | *Chiễng Muôn* | ソンラー省トゥアンチャウ県ムオンサイ社（xã Mường Sại） | 62 |
| チョン高原 | *phiêng Chống* | ソンラー省トゥアンチャウ県トンコー社付近の高原。タ・チョン高原と同じ。 | 62・135 |
| ドイ村 | *bản Đói* | ディエンビエンフー市内ヒン・ダム付近 | 76・77 |
| ドゥアット・ゾン | *Đuốt Dong* | 不明 | 96 |
| トン・ウオン | *Tồng Uôn* | イエンバイ省ヴァンチャン県ギアロ | 44・50 |
| トン・クエン | *Tồng Quẽn* | ディエンビエン県の平野の一部 | 77 |
| トン・クエン | *Tồng Quen* | ディエンビエン県の平野の一部 | 77 |
| ドン・ドイ | *đon Đoi* | ソンラー省ムオンラ県イットオン社（xã Ít Ong）にある岡 | 59 |
| ドン村 | *bản Đóng* | ディエンビエンフー市内ヒン・ダム付近 | 77 |
| トン・ホック | *Tồng Hốc* | イエンバイ省ヴァンチャン県ギアロ | 44・50 |
| ナイン | *Nãnh* | ソンラー省トゥアンチャウ県トンコー社にある | 62 |
| ナ・ノイ村 | *bản Nã Nội* | ディエンビエン県ナタウ社ナ・ノイ（・オイ・ヌー）村など | 63・65・125 |
| ナー川 | *nặm Na* | ライチャウで、ダー河に合流する川 | 88 |
| ナ・ハーイ | *Nã Hãi* | ラオスにある地名か？ | 76 |

| 地名 | 黒タイ語表記 | 位置 | 本文頁 |
|---|---|---|---|
| ハーイ村 | *bản Hãi* | ソンラー市ハーイ村（bản Hài） | 62 |
| パー・ブン・キエンの池 | *nong Pa Bung Kiễn* | ソンラー省トゥアンチャウ県ムオンエ社にある | 66 |
| パム川 | *nặm Păm* | クインニャイ付近でダー河に合流 | 58 |
| ハーン池 | *nong Hãng* | イエンバイ省ヴァンチャン県ギアロ | 44・50 |
| ヒン・ダム | *Hin Đăm* | ディエンビエンフー市 | 76・77 |
| ブー川 | *nậm Bú* | ソンラー省ムオンラ県タブー社でダー河に合流 | 59・62 |
| ファッ川 | *nặm Phạk* | ラオス、ウドムサイ県ムアンラでウー川に合流するパック川？ | 96 |
| フオン・ラーン・サック・チャウ | *Huỗng Làn Xắc Chau* | 不明 | 98 |
| フット川 | *nặm Hút* | ラオカイ省ヴァンバン県を流れて紅河に注ぐ川 | 40 |
| フンの谷 | *kéo Hũn* | ソンラー市内 | 61 |
| ペー川 | *nặm Pè* | ディエンビエン県タインルオン社（xã Thanh Luông）でゾム川に合流 | 88 |
| ボ・カー | *bó Cá* | ソンラー市カー村（bản Cá）、ハーイ村付近 | 61・62 |
| ボ・ゾー | *bó Dó* | 不明 | 37 |
| ボ・ゾム | *bó Dôm* | 不明 | 37 |
| ホム池 | *nong Hỗm* | イエンバイ省ヴァンチャン県ギアロ | 44・50 |
| ポム・タウ | *pôm Tãu* | ソンラー市中心部近くにある丘 | 59 |
| ホムの谷 | *kéo Hốm* | ソンラー市内 | 61 |
| ムオイ川 | *nặm Muổi* | ソンラー省トゥアンチャウ県中心部を流れる川 | 62・64 |
| ムオン・アーイ | *Mường Ai* | 不明 | 初出 17 |
| ムオン・アーイ | *Mường Ãi* | ムオン・チエン（クインニャイ）の古称 | 58 |

| 地名 | 黒タイ語表記 | 位置 | 本文頁 |
|---|---|---|---|
| ムオン・オム | *Mưỡng Ôm* | 不明 | 初出 17 |
| ムオン・キム | *Mưỡng Kim* | ライチャウ省タンウエン県ムオンキム社（xã mường Kim） | 50・52 |
| ムオン・クアイ | *Mưỡng Quãi* | ディエンビエン省トゥアンザオ県 | 68 |
| ムオン・コ | *Mưỡng Cỏ* | ディエンビエン省トゥアンザオ県ムンチュン社（xã Mường Chung）のコ村（bản Cỏ）？ | 91 |
| ムオン・ゴイ | *Mưỡng Ngõi* | ラオス、ルアンパバン県ムアンゴイ？ | 94 |
| ムオン・コン | *Mưỡng Khong* | ソンラー省トゥアンチャウ県ムオンラム社（xã Mường Lam）付近 | 69 |
| ムオン・ソ | *Mưỡng Xo* | ライチャウ省タムドゥオン（フォントー） | 77 |
| ムオン・ゾー | *Mưỡng Dó* | ラオカイ省付近？ | 40 |
| ムオン・タイン | *Mưỡng Thanh* | ディエンビエン省ディエンビエン | 初出 32 |
| ムオン・タオ | *Mưỡng Tháo* | ムオン・キム付近であろう | 50 |
| ムオン・タック | *Mưỡng Tớc* | ソンラー省フーイエン県 | 52 |
| ムオン・ターン | *Mưỡng Than* | ライチャウ省タンウエン県 | 52 |
| ムオン・ダーン | *Mưỡng Đang* | ディエンビエン省トゥアンザオ県ムンチュン社？ | 91 |
| ムオン・ティン | *Mưỡng Thín* | ソンラー省トゥアンチャウ県ムオンラム社付近 | 69 |
| ムオン・チエン | *Mưỡng Chiến* | ソンラー省クインニャイ県 | 52・58・89 |
| ムオン・チャイ | *Mưỡng Chai* | ソンラー省ムオンラ県ムオンチャイ社（xã Mường Trai） | 52・58 |
| ムオン・チョッ | *Mưỡng Chọk* | 不明 | 93 |
| ムオン・バー | *Mưỡng Bá* | ムオン・チャイの古称 | 58 |
| ムオン・フアッ | *Mưỡng Huák* | ディエンビエン省トゥアンザオ県チエンシン社（xã Chiềng Sinh） | 28・68・91 |
| ムオン・ファン | *Mưỡng Phẳng* | ディエンビエン省ディエンビエン県ムオンファン社(xã Mường Phăng) | 88 |

| 地名 | 黒タイ語表記 | 位置 | 本文頁 |
|---|---|---|---|
| ムオン・プオン | *Mường Puỗn* | 不明 | 69 |
| ムオン・プック | *Mường Pục* | イエンバイ省ヴァンチャン県トゥオンバンラー社（xã Thượng Bằng La）付近の盆地 | 77 |
| ムオン・ボー | *Mường Bó* | ラオカイ省ラオカイ | 40 |
| ムオン・ミン | *Mường Mìn* | イエンバイ省ヴァンチャン県ザーホイ社（xã Gia Hội）からトゥレ社（xã Tú Lệ）付近 | 27・31・49・52 |
| ムオン・ムアッ | *Mường Muạk* | ソンラー省マイソン県 | 初出 20 |
| ムオン・ムオイ | *Mường Muổi* | ソンラー省トゥアンチャウ県 | 初出 16 |
| ムオン・ポック | *Mường Pộc* | イエンバイ省ヴァンイエン県 | 31 |
| ムオン・マイン | *Mường Mãnh* | イエンバイ省ヴァンイエン県 | 31 |
| ムオン・ラ | *Mường Lã* | 中国雲南省金平 | 77 |
| ムオン・ラー | *Mường Là* | ソンラー省ソンラー | 初出 17 |
| ムオン・ライ | *Mường Lay* | ディエンビエン省ライチャウ市 | 32・77・89 |
| ムオン・ロ | *Mường Lõ* | イエンバイ省ヴァンチャン県ギアロ | 初出 27 |
| メット川 | *nặm Mẹt* | ムオン・フアッでフアッ川（nặm Huák）に合流するマー川水系の川 | 95 |
| ライ川 | *nặm Lãi* | 不明 | 36 |
| ラップ川 | *nặm Lạp* | ディエンビエン省トゥアンザオ県付近を流れる川？ | 92 |
| ロ・コン・コアン | *Lõ Cõn Khoang* | イエンバイ省ヴァンチャン県ギアロ | 42・105 |
| ロ・ザー | *Lõ Da* | イエンバイ省ヴァンチャン県ギアロ | 31・42・46 |
| ロ・チャー | *Lõ Chà* | イエンバイ省ヴァンチャン県ギアロ | 31・42・46 |
| ロ・ヌア | *Lõ Nưa* | ムオン・ロの盆地のどの地域か正確には不明 | 50 |
| ロの淵 | *vằng Lõ* | ディエンビエン省トゥアンザオ県付近にある？ | 50・92 |
| ロ・ルオン | *Lõ Luông* | イエンバイ省ヴァンチャン県ギアロ | 31・46・50・53 |

# 動植物名一覧

| 名称 | 黒タイ語表記 | ベトナム名 | 和名 | 学名 | 備考 | 本文頁 |
|---|---|---|---|---|---|---|
| 藍草 | *co hỏm* | cây chàm trâu | リュウキュウ藍 | *Strobilanthes cusia* | | 96・143 |
| 麻 | *pán* | cây đay | 苧麻または苧 | *Bohemeria nivea* | 繊維を利用 | 57・69・121 |
| ウリ | *tanh* | dưa | ウリ | | | 87 |
| ウルシ | *co củ* | cây sấu | | ウルシ科 *Dracontomelon* 属 | 建築材として使用 | 58・64 |
| ウルシ | *co chà* | ? | | ウルシ科 *Dracontomelon* 属 | 建築材として使用 | 58・64 |
| オーの草 | *ỏ* | ? | ? | | 水辺に生える イネ科草本 | 42 |
| オオバイチジク | *ngòa* | vả または ngoã | オオバイチジク | *Ficus auriculata* Lour. | | 57 |
| オガタマノキ | *hẫm* | cây giổi | | モクレン科モクレン亜科オガタマノキ属（*Michelia*）の常緑樹 | | 93 |
| カイン | *pa canh* | | コイ科の大型魚 | | ダー河にすむ | 88 |
| カエル | *tô cốp* | ếch | ダルマガエルなど | | | 85 |
| カエル | *tô khiếp* | ngóe, nhái | ヌマガエルなど | | | 85 |
| カジノキ | *hu* | | カジノキ | | しばしば紙漉きに使用 | 20・42・43・98 |
| カモシカ | *dưỡng* | sơn dương | スマトラカモシカ | *Capricornis sumatraensis* | | 52 |
| カワウソ | *nạk* | rái cá | カワウソ | | | 83・84・87 |
| キツツキ | *nộc tót há* | | キツツキ | | | 47 |
| クジャク | *nộc dũng* | công | クジャク | *Pavo munticus imperator* Delacour | | 49 |
| ケー | *pa khẻ* | cá chiên | | | | 74・88・134 |
| コウゾ | *xa* | | コウゾ | *Broussonetia papyrifera*（L.） | しばしば紙漉きに使用 | 20・42・43・74・98 |
| サーンの竹 | *mạy sãn* | | | | | 56 |
| シャコ | *nộc xó*、*nộc khẻ* など | đa đa, gà so ngực gụ など | キジ科のシャコ、コクジャクなどの仲間 | | | 98 |
| ソッの木 | *xọk* | | | | 家の梁など建築材として使用 | 47・56 |

| 名称 | 黒タイ語表記 | ベトナム名 | 和名 | 学名 | 備考 | 本文頁 |
|---|---|---|---|---|---|---|
| ソメノイモ | *mák bau* | củ nấu | ソメノイモ | | 染織に使用 | 98・145 |
| タウナギ | *diến* | lươn | タウナギ | *Monopterus albus* | | 85 |
| チャイの木 | *co chạy* または *co chạy co chòn* | | | | 水辺に生える | 73・94 |
| ツチガエル | *ík tõng* | | 脚が黄色いツチガエル | | | 83・84・85・87 |
| トンボ | *bi* | chuồn chuồn | トンボ | | | 37 |
| ナマズ | *pa đúc* | | ナマズ | | | 72 |
| ニューの木 | *co nhu* | ? | ? | | 大木になる | 99 |
| ノーンの樹皮 | *nỏng* | ? | ? | | 樹皮布を作る<br>樹液は矢毒に使用 | 36 |
| バー | *pa bá* | cá ảnh vũ | コイ科*Semilabeo*属の魚 | *Semilabeo notabilis* | | 74・88 |
| ハッカン | *nộk khoa* | gà lôi trắng | ハッカン（キジ目キジ科） | *Lophura nycthemera* | | 49 |
| ハリネズミ | *hon* | dím | ハリネズミ | | | 39・134 |
| バンケン | *nộc cột* | | バンケン科を中心とするいくつかの鳥類 | | | 49・50・98・113 |
| ヒョウタン | *tảu* | bầu | ヒョウタン | | | 30・87・121 |
| ビワモドキ | *sản* | sổ | ビワモドキ | *Dillenia indica* L. | 実を食べることができる | 57 |
| ビンロウジ | *mák lãng* | qủa cau | ビンロウジ | *Areca catechu* | 嗜好品 | 44・50・111 |
| フタバガキ | *co chuông* | cây chò | フタバガキ科*Dipterocarpus*属の樹種 | | 船や建築材として使用 | 58 |
| フタバガキ | *co hão* | cây chò chỉ | フタバガキ科*Parashorea*属の樹種 | | 船や建築材として使用 | 58 |
| ポック | *pa pộc* | | コイ科の大型魚 | | ダー河にすむ | 88 |
| ホックの竹 | *mạy hốc* | | | | | 57 |
| マーイの木 | *mãi* | | | | 硬木の一種 | 47 |
| モモンガ | *báng* | sóc bay | モモンガ | | | 37 |
| ヤマアラシ | *mển* | nhím | ヤマアラシ | | | 40 |
| リエンの木 | *liễng* | | | | 硬木の一種 | 47 |

# 人名索引

# あとがき

10年ばかりのおつきあいだったが、カム・チョン先生にはずいぶんよくしていただいた。ハノイで半書生のように、家に入り浸っていた頃も懐かしい。いつも黒タイの文化や社会に関する先生の語りはとどまることを知らなかった。その饒舌に、時には聞き入らされ、時には聞き流し、時には反発もした。わたしも先生の受け売りでいろんなものを書いてきた代わりに、ずいぶん批判も書いた。本書もそんなふうにしてできた。書きながら思い出にひたることもあった。先生の意見を聞きたいものだと、何度思ったかわからない。

本書に載せる写真を選ぶのに、アルバムと、コンピュータにストックされた画像データを繰った。そこにもたくさんの思い出がつまっている。在りし日の先生もそこにいた。すでに物故した村の人たちの姿もある。撮影時のようす、きもち、土地の風まで肌によみがえるようだ。

写真は2000年頃までアナログだった。その後デジタル写真が増えた。ストックはすでに圧倒的にデジタル写真の方が多い。しかし、本書には、アナログ写真を多く掲載している。

今思うと、フィルムは高かったし、アナログ写真は撮り直しがきかないから被写体も選んだ。しかも現像するまでどんなふうに映っているか確認できないから、一枚一枚しっかり心に刻みながら撮った。しかしデジタルカメラだと、とりあえずという軽い気持ちで撮る。大げさに言えば、写真一枚のために精魂がこもっていないのだ。同じヘタでも、アナログ写真の方がデジタル写真よりずっとマシに撮れているのは、心構えのせいだろうか。

くわえて、もしかすると被写体そのもののせいかもしれない。村では2000年頃までは、老若男女がそろって家族の生計を立てていた。市場経済化で活気づいていく未来は明るいものとして信じられた。ところが村に電気も来て、バイクやケータイが普及しはじめると、だんだん村人もカネのためにあくせくし、町へ出稼ぎにでる若者も増えた。今では村がどこかしら疲弊の相さえ呈しはじめている。アナログ写真の時代の方が、村の生活が色めいていた気がしてならない。つまり、被写体がよかったのではないか。

この10年あまり、村の自然環境も、人々の暮らしも、非常な勢いで変わっている。それを肌身に感じていたので、年代記『タイ・プー・サック』を早く読んでしまいたかった。一部しか読めなかったのは、心残りでしかない。

しかし一部だけにしろ、伝承者がこの年代記をどう読んだか、わたしの知識の範囲を本書で形にして残せたことは、わたしにとって大きな喜びであり、またささやかな誇りでもある。貴重な人類文化の遺産として、カム・チョン先生への思い出とともに、これをあとの人に伝えられるからである。

このたび「叢書 知られざるアジアの言語文化」の一冊として本書を刊行するにあたり、雄山閣編集部の桑門さんをはじめ、たくさんの方々のお世話になった。本書は東京外国語大学アジア・アフリカ言語文化研究所クリスチャン・ダニエルス先生代表の共同研究「タイ文化圏における山地民の歴史的研究」の成果である。この共同研究のメンバーの方々からいただいたコメントは非常に有益であり、たくさん勉強させていただいた。また科学研究費補助金による研究「東アジアにおける『地方的世界』の基層・動態・持続可能な発展」(藤井勝教授)による成果も含んでいる。

さかのぼれば、日本学術振興会特別研究員(DC1)(1997～2000年)として、また松下国際財団アジア・スカラシップ奨学生(2001～2003年)として助成を受け現地を訪っていたときに身についた、いわば黒タイ社会に対する質感、触感が本書の根底にある。それがなければ本書はなかった。そんなわけで、最初に現地調査の機会を授けてくださった日本学術振興会、松下国際財団には、今以て感謝の念に堪えない。また、国立民族学博物館機関研究「テクスト学の構築」(齋藤晃准教授代表、2004～2008年)のコアメンバーとして活動して得た知識と経験、総合研究大学院大学若手教員海外派遣事業によるタイ国滞在(2009～2010年)も非常に有意義であった。

最後に、わたしのいきなりの訪問をいつでも手厚くもてなしてくれるカム・チョン先生のご家族、トゥアンザオの村の家族にお礼申し上げたい。他にもたくさんの人にお礼を述べたいが、一人一人お名前を列挙できないことをお詫びする。ただ、いつもわたしのわがままな放浪と気まぐれに耐えてきた連れ合いへのお礼のみ付言しておこう。

平成22年11月4日

筆者

**樫永真佐夫（かしなが　まさお）**
1971年生まれ、兵庫県出身。
東京大学大学院総合文化研究科超域文化科学専攻文化人類学コース単位取得退学。博士（学術）。
黒タイ文化の継承に関する研究で、第6回（平成21年度）日本学術振興会賞受賞（2010年）。
現在、国立民族学博物館准教授。

**著書・編著書**
『ベトナム黒タイの祖先祭祀ー家霊簿と系譜認識をめぐる民族誌』（2009年、風響社）、Kashinaga Masao (ed.) *Written Cultures in Mainland Southeast Asia*（2009年、Osaka: National Museum of Ethnology）、『東南アジア年代記の世界ー黒タイの«クアム・トー・ムオン»』（2007年、風響社）、樫永真佐夫＆カム・チョン『黒タイ首領一族の系譜文書』（2007年、国立民族学博物館）ほか

平成23年3月15日　発行

東京外国語大学
アジア・アフリカ言語文化研究所
叢書 知られざるアジアの言語文化V

黒《くろ》タイ年代記《ねんだいき》
ー『タイ・プー・サック』ー

著者　樫永 真佐夫
発行者　宮田 哲男
発行　雄山閣
〒102-0071
東京都千代田区富士見二ー六ー九
TEL03-3262-3231　FAX03-3262-6938
http://www.yuzankaku.co.jp
製本　協栄製本株式会社
印刷　松澤印刷株式会社


ISBN 978-4-639-2169-8　C3022